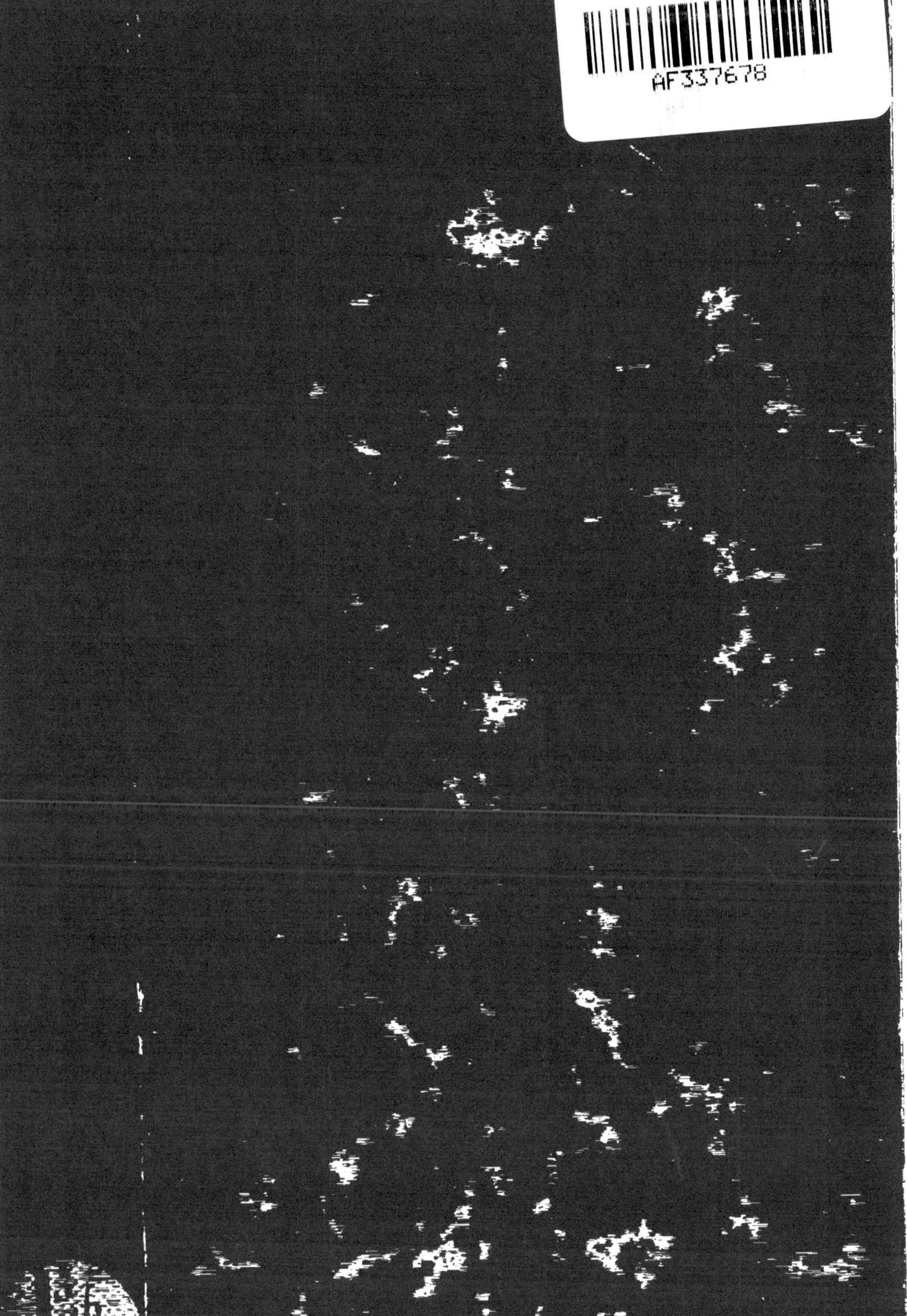
AF337678

INVASIONS DE L'ÉTRANGER

DANS LES XIVe ET XVe SIÈCLES

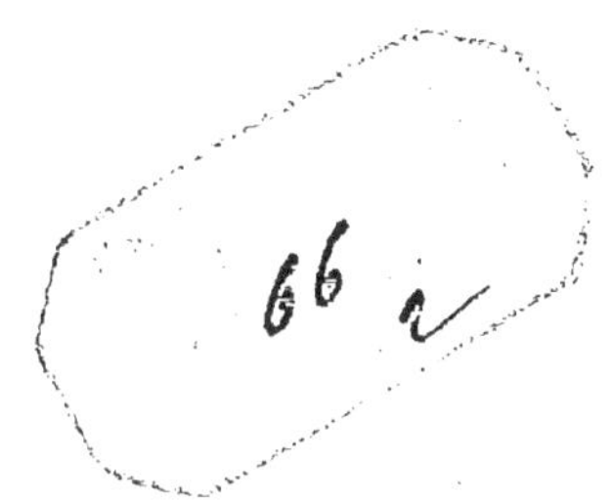

Orléans. — Imp. Ernest Colas.

INVASIONS

DE

L'ÉTRANGER

DANS LES XIVᵉ ET XVᵉ SIÈCLES

DOCUMENTS INÉDITS

PAR M. A. DU CHATELLIER

CORRESPONDANT DE L'INSTITUT ET DE LA SOCIÉTÉ CENTRALE D'AGRICULTURE.

PARIS

GUILLAUMIN ET Cⁱᵉ, ÉDITEURS,
RUE RICHELIEU, 14,

DUMOULIN, LIBRAIRE,
QUAI DES AUGUSTINS, 13.

1872

EXTRAIT DU COMPTE-RENDU

De l'Académie des Sciences morales et politiques,

RÉDIGÉ PAR M. CH. VERGÉ, AVOCAT, DOCTEUR EN DROIT,

Sous la direction de M. le Secrétaire perpétuel de l'Académie.

INVASIONS DE L'ÉTRANGER

DANS LES XIVᵉ ET XVᵉ SIÈCLES.

DOCUMENTS INÉDITS.

PBEMIÈRE SECTION.

Qui pourrait aujourd'hui, redire tous les efforts qui furent tentés ou réalisés dans les longues années du quatorzième et du quinzième siècle, pour repousser l'étranger de notre pays, ferait un livre bien curieux.

Nous n'avons ni les moyens, ni la prétention de le faire.

Mais une circonstance, due au hasard, nous ayant mis en possession d'un grand nombre de pièces relatives à cette époque, nous essaierons d'y chercher l'indication des moyens qu'employèrent nos pères, pour se soustraire à la domination étrangère, en arrachant la France à ses envahisseurs. — Les épreuves si douloureuses par lesquelles nous venons de passer, donneront à nos recherches un intérêt d'actualité qui nous a soutenu dans le pénible labeur du déchiffrement des nombreuses pièces maculées ou à demi effacées par les siècles qu'elles ont traversés pour venir jusqu'à nous.

Un mot d'abord de ces pièces et de ces documents.

C'était en 1854. J'habitais Versailles en ce moment, et

1.

je me trouvais, pour l'année, président de la Société littéraire de cette ville et du département de Seine-et-Oise,
quand, à une de nos séances, on me remit une lettre du
préfet qui nous donnait avis qu'un habitant de Triel, en
creusant les fondations d'une maison, venait de trouver
plusieurs tombes gallo-romaines qu'il y aurait intérêt à re-
cueillir. — Ainsi que cela se passe dans toutes les sociétés
du monde, on nomma une commission pour descendre
sur les lieux, et j'en fis naturellement partie comme président de la Société.

Au jour fixé pour cette opération, je fus seul à me rendre
à l'appel, et je n'en procédai pas moins à ma commission.
Tout sourit à mon excursion, et je pus remettre à la Société dont je faisais partie, une série d'objets curieux du
troisième et du quatrième siècle trouvés dans les tombeaux
mis au grand jour.

Ces objets, fibules, épées, coutilles et boucles de ceintures
étaient assez communs et n'offraient rien qui ne fût déjà
connu; mais là ne devait pas s'arrêter ma bonne fortune
d'archéologue. Je trouvai, dans le propriétaire qui avait
eu la pensée de nous appeler, un épicier d'une parfaite obli-
geance qui me dit que, par suite des exigences de son commerce, il s'avouait coupable d'avoir détruit beaucoup de
monuments d'un genre différent de ceux qu'il nous mon-
trait : « Ma profession, ajouta-t-il, m'a souvent conduit à
acheter des lots de vieux parchemins que j'ai dû dépecer
pour le débit de mon magasin. Mais il m'en reste encore
quelques-uns qui se trouvent formés de bandes trop étroi-
tes pour que j'aie pu m'en servir. Si ces lanières pouvaient
vous être agréables, je les mettrais à votre disposition......»

Les bandes noircies et à demi effacées furent immédiatement descendues et soumises à mes investigations et à

celles de deux hommes d'esprit, le curé et le secrétaire de la mairie de Triel, que l'épicier avait appelés à une excellente collation où nous devions juger de la qualité des produits les plus renommés du canton. Les bandes et le grimoire entier furent tournés et retournés dans tous les sens, mais sans que les énigmes qui nous étaient soumises eussent pu être expliquées.

J'emportai toutefois le trésor ; mais comme l'épicier lui-même, je laissai longtemps sans les regarder ces titres que j'avais dus au hasard, quand, ramené comme malgré moi par les cruels événements de l'invasion prussienne, je me suis rappelé que j'avais, dans ma bibliothèque, de nombreux documents où les noms de Charles V et de Charles VII revenaient souvent avec ceux d'Edouard III, d'Henri V, d'Angleterre et du duc de Bedfort, un instant régent de France et maître de Paris. Plusieurs de ces actes étaient datés de Rouen et de Paris.

C'était aussi un temps d'invasion et de cruels déchirements pour notre pays, et quoiqu'il y ait cinq siècles d'écoulés depuis lors, je pensais qu'il pourrait y avoir plus d'un fait intéressant à relever dans l'ensemble des détails que devaient offrir plus de trois cents pièces originales des quatorzième et quinzième siècles que je me trouvais posséder.

Comme je l'ai déjà dit : ce n'est cependant ni l'histoire des deux règnes de Charles V et de Charles VII que j'entends faire, ni celle des guerres qu'ils eurent à soutenir. Mais ce sera, sur beaucoup de points, l'indication des moyens qu'ils employèrent, l'exposé des ressources dont l'art militaire de leur temps permit de disposer, et aussi la peinture des mœurs et du caractère que notre pays n'est pas près de laisser effacer.

Pour examiner ces pièces avec plus de soin, je les diviserai en deux séries : dans la première, je comprendrai celles qui sont datées de 1370 et 1371, époque où les rois de France et d'Angleterre mirent sur pied toutes les forces dont ils purent disposer, soit de la part de l'Angleterre pour se maintenir dans les provinces françaises déjà conquises, soit de la part de Charles V pour l'en chasser au plus tôt; dans la seconde série seront celles qui, à partir de l'avénement du Dauphin Charles VII, fils de Charles VI, comprennent de 1422 à 1433, l'époque trop longue d'une occupation cruelle qui se termina par la mission de Jeanne d'Arc et la rentrée de Charles VII à Paris.

Je commence donc par les pièces relatives aux années 1370 et 1371, nous reportant tout juste à cinq siècles du temps où nous vivons. Ces pièces consistent principalement en lettres du roi Charles V, en lettres des maréchaux de France chargés de la levée et de la revue des hommes de guerre, sous la dénomination de chevaliers, d'écuyers ou d'arbalétriers, puis d'un certain nombre d'autres lettres adressées au trésorier des guerres du roi, sous forme de jussions et se rapportant à des levées d'hommes et à des mesures de sûreté ou d'approvisionnement. Ces dernières lettres sont émises par des officiers de la maison du roi, soit son maître-d'hôtel, ses chambellans, le maître des arbalétriers de France, le capitaine général des hommes d'armes, le sergent d'armes du roi, ou les élus et receveurs des aides prélevées pour le fait de guerre.

Mais, avant d'entrer dans le détail des efforts tentés en faveur de l'expulsion de l'étranger, essayons de dire quelle était la position de la France à la fin du quatorzième siècle après les désastres de Crécy et de Poitiers.

Un instant le roi Jean avait pu se croire au moment de

se débarrasser des Anglais, qui, après s'être fortement établis au nord par l'occupation de Calais et de plusieurs places du Boulonnais et de la Picardie, réagissaient, en même temps, du sud vers le nord, et ne tentaient rien moins que de s'étendre de la Guienne jusque dans le Poitou et la Touraine.

Appuyé de plus de soixante mille combattants, au nombre desquels se trouvaient les chefs les plus renommés de la noblesse française, Jean, très-brave de sa personne, se mettant sur la trace des Anglais, atteignit le prince de Galles près de Poitiers, quand celui-ci n'avait avec lui guère plus de douze mille hommes (1). Ce prince cédant aux instances des envoyés du pape, et jugeant sa position peu sûre , entra un instant en pourparler avec le roi de France et lui offrit de se retirer vers la Guienne, en abandonnant les pays qu'il avait investis. Mais le nombre donna trop de confiance à Jean, et on sait ce que fut la malheureuse journée de Poitiers où plus de six mille Français et les plus vaillants chevaliers périrent par l'incurie du roi ou de ses lieutenants, qui, au lieu de ménager leurs troupes en leur choisissant un champ de bataille mieux approprié

(1) De nouvelles recherches dans les dépôts d'archives et dans les historiens du temps, ont fait infirmer l'opinion de Froissard et de quelques historiens plus modernes, sur la force relative des deux armées anglaise et française, à la bataille de Poitiers. Toutefois, il reste constant que les troupes du roi Jean se trouvaient beaucoup plus nombreuses que celles du prince de Galles, mais formées de contingents moins solides. M. Ch. Giraud, dans un excellent article inséré dans la *Revue des Deux-Mondes*, du 1er juin 1871, traite cet intéressant sujet avec cette sûreté et ce soin éclairés qui distinguent tous ses écrits.

à leur organisation, les engagèrent dans des vignes et des défilés où elles furent complètement battues.

Jean et l'un de ses fils (les trois autres avaient été retirés du combat) tombèrent aux mains de l'ennemi et furent fait prisonniers. Bordeaux et Londres les virent successivement, et cette dernière ville retint le roi de France pendant plus de quatre ans.

Ce que devint la France pendant ce temps, le voici :

Epuisée d'hommes et d'argent, elle ne put parvenir à faire la rançon du chef de l'Etat, et l'un de ses jeunes fils, échappé au désastre de Poitiers, soit d'abord comme délégué du roi, soit un peu plus tard comme régent, dut prendre en mains la gestion des affaires publiques, sans avoir cependant les moyens de les diriger à son gré et dans le véritable intérêt du pays.

Ce jeune fils devait plus tard s'appeler Charles V, et mériter le titre de Sage, quand sa résolution et son dévouement l'eurent si justement recommandé à la reconnaissance de ses contemporains,

Mais de quelles inquiétudes et de quelles anxiétés ne furent pas troublées les premières années de son règne que l'on peut, en quelque sorte, faire remonter à l'année 1356, époque où son père, le roi Jean, tomba aux mains des Anglais.

Dès la fin de 1356, les plus belles provinces de la France, la Guyenne, l'Auvergne, le Limousin, le Quercy, le Berry, l'Anjou, la Touraine, se trouvèrent au pouvoir des Anglais.

Leurs menées et leurs entreprises avaient, en même temps, redoublé d'activité au Nord ; Calais, Guines continuaient à leur appartenir et les bandes de l'Angleterre, après s'être établies dans une partie du Boulonnais et de la

Picardie, s'étaient répandues jusque dans la Normandie.

D'une autre part, un ennemi nouveau et plus ardent qu'aucun autre, le roi Charles de Navare qui avait épousé une des filles du roi Jean, se mettant de la partie, s'insinuait partout où il lui était possible, pour faire échec au Jeune Charles, encore à peine saisi des pouvoirs qui échappaient au roi son père. Paris et les populations de la province, se plaignant de l'exès des impôts, s'agitaient de toutes parts ; le parlement et les états généraux du pays convoqués extraordinairement pour aviser aux moyens de conjurer la ruine complète du pays, au lieu de pourvoir à la levée des impôts, se montraient irrités des abus répétés du passé et demandaient des réformes sur tous les points. Le roi de Navarre, l'évêque Le Coq, Marcel et Maillard furent successivement les chefs et les héros de cette crise nouvelle. Les choses en vinrent un instant à ce point que le Dauphin ayant voulu, en 1358, faire saisir un des révoltés qui avait assassiné le trésorier de France, vit à cette occasion, son propre palais forcé par les partisans de Marcel. Quatre officiers de la couronne, dont deux maréchaux, le seigneur de Conflans et Robert de Clermont, furent égorgés jusque dans l'appartement qu'occupait le fils du roi, celui-ci étant toujours prisonnier en Angleterre.

Dans des alternatives de succès et de défaites, le roi de Navarre, allié des Anglais et de Marcel, plus remuant que jamais, se prévalait de sa position et des vastes domaines qu'il occupait, comme les comtés d'Evreux, de Brie et de Champagne, pour s'introduire à Paris. Il essayait ainsi de se rendre maître des affaires de France, et se trouva assez puissant, pour obliger le Dauphin à s'éloigner de sa capitale qui tomba un moment à la complète disposition des révoltés.

Le pays, pillé et dévasté, s'affaiblissait de plus en plus, quand, enfin, après le retour du roi de sa prison, en 1360, les partis, fatigués et épuisés, songèrent à un traité qui pût leur donner quelque repos.

Ce traité, comme on le sait, fut conclu à Bretigny, et en porte le nom.

Aucune page de notre histoire, pas même celle qui se déroule aujourd'hui sous nos yeux, ne fut plus triste.

Des commissaires, traitant au nom des deux rois de France et d'Angleterre, arrêtèrent les articles d'un traité en vertu duquel le Poitou, la Saintonge, la Rochelle et le pays d'Aulnis, l'Angoumois, le Périgord, le Limousin, le Quercy, l'Agenais, et le Bigorre furent cédés, en toute souveraineté, aux rois d'Angleterre, outre Calais, les comtés d'Aye de Guines et de Pontieu. Trois millions d'écus d'or, valant environ 250 millions de notre monaie, furent en outre imposés à la France, comme prix de la rançon du roi Jean et deux de ses fils accompagnés de plusieurs des grands feudataires de la couronne se rendirent en Angleterre comme otages garantissant le paiement de la somme stipulée.

Ce fut à ces conditions si dures et si désastreuses que le roi Jean fut relâché et conduit d'Angleterre à Calais, à la fin d'octobre 1360, pour y être mis en liberté.

Mais, pour faire face aux engagements pris, il fallut créer de nouvelles taxes, et le roi, lui-même, fut amené à vendre, comme l'ont dit les historiens, une de ses filles au vicomte de Milan, pour en faire l'épouse de son fils, moyennant la somme de six cent mille écus d'or. Tant de désordres et de catastrophes achevèrent de faire sortir les populations des campagnes des voies ordinaires de la soumission.

Une nouvelle guerre civile, celle de la Jacquerie, vint se joindre aux troubles ensanglantés de Paris. Des bandes de

pillards circulèrent de toutes parts et ajoutèrent leurs dé-
prédations aux calamités que la présence des Anglais causait depuis tant d'années dans plusieurs de nos provinces,
si bien que la France, sans être même sûre de sa capitale,
se voyait chaque jour amoindrie au point de n'avoir qu'un
territoire très-limité qui ne s'étendait pas au-delà de l'Ile-
de-France et de quelques régions du centre baignées par
les affluents de la Seine et de la Loire. Le tout formait une
surface qui ne dépassait pas celle de huit à dix de nos dé-
partements actuels.

C'est dans ces conditions, à une époque où le commerce
et l'agriculture étaient encore peu avancés, à une époque
où la population, décimée par des guerres perpétuelles était
pauvre et clair-semée, que le jeune Dauphin, Charles V,
fut appelé à monter sur le trône de France. Son père, le
roi Jean, à peine rentré dans sa capitale, fut, en effet, obligé
de retourner en Angleterre, pour y répondre de l'évasion
de l'un de ses fils qui avait été retenu comme otage. La
mort l'y surprit, quand le Dauphin n'avait encore que
vingt-six ans. L'expérience et de dures épreuves l'avaient
cependant mûri, et les premiers actes de son gouvernement
ne tardèrent pas à faire voir ce dont il serait capable.

Parmi les pièces inédites que nous possédons, nous trouvons deux lettres de lui qui décèlent l'intention arrêtée
dans son esprit de combattre l'étranger à outrance et de le
chasser du sol de la patrie aussitôt qu'il serait possible.

La première de ces lettres, datée de Paris, est adressée
« à ses amés et féaulx, les maîtres de ses forêts, pour qu'il
« soit faict hastivement, ainsi qu'il l'a ordonné, cent milliers
« de vurtons avec plusieurs autres artilleries nécessaires
« et convenues, pour la défense du pays » .. Les *vurtons* ou
virtons étaient le bois de la flèche que l'on empennait plus

tard. Il ajoutait que le bois devrait en être pris dans la
forêt de Romare, *ainsi qu'autrefois il étoit accoustumé en
tel cas*, et, en conséquence, disait-il : « Mandons et étroite-
« ment enjoignons que en mes dites forests vous les faciez
« délivrer à Béchart de Lamarre, garde de notre clos des
« galets à Rouen, lequel nous avons enchargé d'iceulx
« vurtons et artilleries faire, tant et tel nombre de bois
« comme il faudra pour les dicts vurtons faire et fournir et
« gardez bien que en ce n'ait aucun défaut. »

Mais cette pièce n'est pas seulement curieuse par le contenu de son libellé ; ce qui lui donne une importance toute
particulière, c'est que la mort du roi Jean, ayant eu lieu à
Londres, le 8 avril 1364, on voit, par la date de ce docu-
ment, que le 12 du même mois, cette mort était connue à
Paris, soit par des signaux ou autrement, et que, sans
perdre une minute, le jeune roi, Charles V, prenait, dans
la première heure de son règne, une des mesures qu'il
croyait de nature à préparer l'expulsion de l'étranger.

A voir le libellé de cette même pièce : « Donné à Paris,
« le XIIe jour d'Avril l'an de grâce mil CCC soixante quatre
« et premier de notre règne ainsi signé par le roi en son
« conseil : J. de la Roche. » On peut aussi penser que cette
réunion du conseil, le 12 avril, ne put avoir d'autre objet
que de faire connaître la mort du roi Jean, de sorte que la
nouvelle d'un nouveau règne et la pensée d'une lutte à
outrance contre l'étranger, furent aussi spontanées l'une que
l'autre dans l'esprit du jeune prince. — Les nombreuses
pièces que nous rendons à la lumière, comme tous les
actes de son règne, le prouvent surabondamment. Quelques
années cependant lui étaient nécessaires, pour aviser aux
moyens de prendre, envers l'Angleterre, la revanche qui
devait soustraire la France à une domination qui ne comp-

tait pas moins d'un demi-siècle, avec une série d'humiliations dont la journée de Poitiers avait été l'une des plus cruelles.

Toute l'habileté de Charles V ressort surtout des premières années de son règne et du choix des hommes dont il s'entoura. L'un d'eux qu'il s'était attaché de bonne heure, du Guesclin, fut placé à la tête de ses troupes dès avant son avénement au trône. Il dut à ce chef habile les premiers succès de ses armes en Normandie, et quoique la journée d'Auray (29 septembre 1364), où son allié, le comte de Blois, trouva la mort, quand du Guesclin y fut fait prisonnier des Anglais, dut un instant déconcerter ses projets, Charles, fut assez habile pour ne pas se faire un ennemi de Montfort, et sut amener ce nouveau duc de Bretagne, à lui faire hommage en le détachant de l'alliance anglaise à laquelle il avait dû sa couronne ducale.

A moins de deux ans de là, ayant concouru à parfaire la rançon de du Guesclin (1), il disposa bientôt les choses de manière à décider ce chef habile et renommé, à passer en Espagne, à la tête des bandes armées qui ne cessaient de ravager les provinces de la France, et l'un des résultats non moins heureux de cette expedition fut de forcer le prince

(1) Nous avons, sous le n° 24 de la première série de nos documents, une quittance de remboursement de Fernand Dayen à *Guille Penastel, receveur sous Jehan Blanville de la finance, ordonnée pour Monseigneur Bertrand du Guesclin de* la somme de 100 francs d'or qu'il avait avancée à Eustace d'Ab.... pour concourir au paiement de l'*obligation* que Mess^re Loys de Namure avait faite aux Anglais. Cette pièce porte la date du 1er octobre 1365, ce qui prouve que le paiement de la rançon de du Guesclin s'etait fait juste un an après sa capture comme prisonnier, celle-ci ayant eu lieu le 29 septembre 1364, jour de la bataille d'Auray.

de Galles, fils d'Edouard, à se porter lui-même dans la Castille et l'Aragon, au secours de son allié menacé par du Guesclin.

Epuisé d'hommes et de resources, le prince de Galles, en rentrant en Guyenne, dans le courant de l'année 1367, se trouva conduit à demander aux Gascons de nouveaux subsides qui achevèrent de les indisposer contre la domination anglaise.

Encouragés sous main, les Gascons se montrèrent bientôt très-exigeants et le devinrent d'autant plus que le prince de Galles se trouva sérieusement malade par suite d'hydropisie et ainsi privé d'imprimer à ses propres affaires l'activité et la résolution qui lui avaient valu tant de succès funestes à la France.

C'est le moment où le roi Charles s'empara résolûment de tous les avantages que les circonstances vinrent lui offrir, et, s'étant ménagé d'utiles relations avec les principaux seigneurs de la Guyenne, il se prévalut du lien qui retenait la Guyenne, encore unie à la couronne de France, par un devoir de vassalité, pour autoriser les mécontents à en appeler devant lui des excès et des taxes exorbitantes dont les populations se plaignaient. Cinq des premiers seigneurs du pays, le sire d'Albret, les comtes d'Armagnac, de Périgord, de Cominges et de Carmaing, reçurent la mission de porter au prince de Galles des lettres d'appel, pour qu'il eût à se présenter devant son suzerain, le roi de France, afin de s'expliquer sur les plaintes portées contre lui. Mais, loin de déférer à cet ordre, il repondit qu'il comparaîtrait devant le roi, comme il l'avait déjà fait à Poitiers; et, faisant arrêter les messagers de Charles, il les accusa de lui avoir dérobé plusieurs objets précieux.

Ceci se passait au commencement de l'année 1369, et

Charles, quoique déjà prêt à commencer la lutte, essayait
encore de gagner du temps, en ouvrant de nouvelles négo-
ciations avec Edouard, père du prince de Galles, comme s'il
eût voulu éviter une collision à main armée. Ces pour-
parlers le menèrent jusqu'à la belle saison, et le mois de mai
étant venu, il remit l'affaire aux mains de son parlement,
la veille de l'Ascension, lui demandant si le roi d'Angleterre, qui avait faussement interprété le traité de Brétigny,
ne restait pas obligé envers le roi de France, au strict devoir de la vassalité, et si, en refusant de s'y soumettre, il
n'y avait pas lieu de déclarer le retour à la couronne, des
terres et de tous les biens que les Anglais possédaient dans
le royaume de France.

Nous ne savons que peu de chose sur ce qui se passa dans
le sein du parlement, mais les chroniqueurs ont cependant
tenu à nous dire que le roi et la reine se rendirent à la
séance et que la foule y fut si grande que *toute la chambre
en était pleine.* Le cardinal de Beauvais, chancelier de France,
les ducs d'Orléans et de Bourgogne, les comtes d'Alençon,
d'Eu, d'Etampes et un grand nombre d'évêques et de bourgeois s'y pressaient. Tous sentaient qu'il y allait d'une re-
prise de la guerre entre les deux rois de France et d'Angleterre sans qu'il fût possible de dire avec quelle chance de
succès cette guerre serait soutenue de notre côté. L'anxiété
et l'inquiétude étaient très-grandes.

Le roi Charles V, après avoir fait exposer les faits par le
chancelier, prit lui-même la parole et dit : — « que si, dans
« cette affaire, on jugeoit qu'il en eut trop fait, ou qu'il n'en
« eut pas fait assez, il trouvoit bon qu'on le lui représentât;
« et qu'il étoit encore en état de corriger ce qu'on trouveroit
« à reprendre dans la conduite qu'il avoit tenue (1). »

(1) *Ordonnances du Louvre,* t. VI.

Puis le roi et le chancelier prièrent ensuite ceux qui composaient l'assemblée de penser à cette affaire et de se retrouver. à deux jours de là, de grand matin, pour en dire leur avis.

Une déclaration du parlement, conforme à cet appel du roi que plus d'un prince de notre temps aurait pu prendre pour modèle, fut aussitôt délibérée et notifiée par un simple valet au roi d'Angleterre. Avant que celui-ci fût revenu de l'étonnement que lui causait une résolution aussi inttendue d'un prince qu'on n'avait jamais vu sur les champs de bataille, Abville et le Pontieu, tombaient au pouvoir des Français, en même temps que les ducs de Berry et d'Anjou, frères du roi, attaquaient la Guyenne par l'Auvergne et Toulouse.

Nous n'avons pas les pièces relatives à cette première année de la lutte, mais nous verrons, par celles qui se rapportent aux années 1370 et 1371, quelle activité et quels moyens furent employés. Toutefois, en nous rappelant le soin tout particulier que Charles donna, dès le premier jour de son avénement, à la mise en état de son matériel de guerre; nous ne pouvons omettre de relater ici une nouvelle lettre de ce roi, où nous trouvons la trace non moins certaine de toute l'attention qu'il portait à l'armement et à la défense du royaume.

Cette lettre, datée de Paris, est du 15 avril, l'an de grâce 1368 et de son *règne le Quint*, et, par conséquent, très rapprochée du moment où il se proposait d'attaquer les Anglais.

« Charles par la grâce de Dieu roy de France aux Esleus
« et receveurs sur le fait des aides ordonnés pour la prou...
« et défense de notre royaume.... Salut. — Come ça-pieça

« c'est à savoir le VIIIe jour d'avril l'an LXVI nous par
« délibération de notre conseil eussions ordonné que notre
« amé et féal chevalier Guille du Merle capitaine de notre
« chastel-d'armes auroit et prendroit pour la garde dicellui
« chastel jusqu'à un an à compter du temps dessusdit le-
« quel est présent finy et accompli la some de cinq cents
« francs d'or rabattus de ce les gages ordinaires du chas-
« tellain dudit chastel son tems en y avoit et a présent soit
« grande nécessité que le dit chastel soit gardé et garni de
« gens : nous avons ordené et ordenons par ces présentes
« que pour ladite garde dudit chastel d'armes jusques à un
« an acompter de la fin dudit an accompli ledit capitaine
« ait et preigne la some de cinq cents francs d'or sembla-
« blement come pour la dite année fermée rabattus les ga-
« ges ordinaires du chastellain son tems en y a come dessus
« est dit. Si vous mandons et enjoignons estroitement que
« des deniers destits aides receus ou à recevoir ou dits
« dues vous paiez ou faciez paier audit capitaine la some
« dessus dite, aux termes et en la manière acoustumée
« telement que par défaut de paiement aucun domage ne
« s'en puisse ensuivre. Et par rapportant ces présentes et
« quittance dudit capitaine de ce que ainsi paié lui aura
« esté ce sera alloué es comptes de toy receveur et rabatu
« de ta recepte sans contredit. Donné à Paris le XVe jour
« d'avril l'an de grâce mil CCCLX huit, de notre règne le
« Quint.

Par le roi à la relation des gener... esleus sur le fait des
« aides orden pour la puissance et défense du royaume.

« Signé, Cadoret. »

Ne peut-on pas justement croire que le *Chastel d'Arme*
dont il remet une première fois la garde, par suite de *déli-*

bération prise en Conseil, à un capitaine éprouvé, auquel il alloue jusqu'à 500 francs d'or par an, c'est-à-dire, de 30 à 40,000 francs à la puissance actuelle de l'argent, ne peut-on pas, dis-je, en conclure que ce *chastel* dont il y avait *fort grande nécessité à ce qu'il fût bien gardé et garni de gens,* n'était autre qu'un dépôt d'armes, un arsenal, proprement dit, et que le roi, toujours en quête d'arriver au moment de reprendre la lutte, y veillait avec une attention toute particulière, en recommandant aux receveurs généraux des aides de ne pas manquer de servir au capitaine du Merle les gages qui lui seraient dus.

Quoi qu'il en soit, portons-nous au fort de la lutte, et arrivons à l'année 1370.

Nous voyons, dès les premiers mois de cette année, tout se disposer pour la mise sur pied des forces les plus considérables.

Deux hommes, surtout le maréchal de Sancère, au nom des maréchaux de France (1) et Philippe Daunay, maître de l'hôtel du roi, se trouvent chargés de la réunion des compagnies et des hommes d'armes qui vont, sans coup férir, entrer en campagne, car il ne faut pas oublier, en se reportant à ces temps éloignés, que la classe nombreuse des chevaliers et des gentilshommes restait constamment armée ; que, retranchés par moment derrière les creneaux de leurs châteaux, ces chevaliers avaient toujours la dague au poing et le casque en tête : et qu'un mot de leur suzerain suffisait pour les mettre en campagne.

Trois lieux, surtout, Paris, Clermont en Auvergne, et

(1) Sous Charles VII, on en comptait quatre. Leurs fonctions étaient de préparer la réunion et le mouvement des troupes et de les commander comme lieutenants en l'absence du Connétable.

Celles en Berry, sont les points indiqués pour les revues qui se préparent.

Je rencontre, le 1er mars 1370, le maréchal Loys de Sancère, à Clermont, et j'ai en main les cédules qu'il délivre pour l'admission, au service du roi, des compagnies et des chevaliers qui les commandent. Parmi ces cédules, je remarque celles qui sont délivrées à Thiellement Bosquelin, écuyer, et neuf autres écuyers de sa compagnie; celles à Guille Dubois, chevalier, deux autres chevaliers et sept écuyers de sa compagnie ; celles à Charlot de Savoisy, écuyer, et neuf écuyers de sa compagnie ; celles à Périn-Garin et neuf autres écuyers; celles à Turpin des Prez et cinq autres écuyers ; etc...

Le libellé de ces cédules est uniforme : voici celle de Turpin des Prez.

« Les Mareschaux de France, a notre amé Jehan Le Mer
« cier trésorier des guerres du Roy messire ou à son Lieu
« tenant salut : nous vous envoions enclos sous notre scel
« commun la monstre de Turpin des Prez escuier et de
« V autres écuyers de sa compagnie reçue à Clermont, en
« Auvergne, le premier jour de Mars l'an mil CCCLXX
« pour servir en ces présentes guerres de Berry, de Poictou
« et de Limozin sous le gouvernement de nous Loys de
« Sancère, Maréchal de France ; montez comme en leur
« monstre est contenu. Si vous mandons que au dit Turpin
« de lui et des gens d'armes de sa compagnie vous faciez
« prest compte et paiement en la manière qu'il appartien
« dra. Donné sous notre dit scel au lieu, le jour et l'an
« dessus dit. »

A l'appui de cette pièce se trouve ordinairement la montre fournie par le Chevalier commandant la compagnie admise à la revue, avec le signalement et le prix de chaque cheval

2.

monté par lui ou par ses hommes, parce que le roi était tenu au remboursement du prix de ces chevaux quand ils venaient à être *affolés*, c'est-à-dire tués ou mis hors de service par suite de blessures.

Souvent ces deux piéces sont elles-mêmes accompagnées de la quittance donnée au trésorier des guerres par le chevalier chef de compagnie qui reçoit ses gages d'avance et par mois, pour lui et ses hommes, et presque toujours sur le lieu où s'est passée la revue.

Après les engagements et la revue de Clermont, le 1er mars, nous avons les revues passés à Celles en Berry, le 1er avril de la même année 1370. C'est encore le maréchal de Sancère que nous trouvons occupé à réunir les hommes d'armes que le roi a appelés. Cette série nous offre jusqu'à quinze pièces où nous voyons figurer comme chefs de compagnie les chevaliers Sauvage de la Celle, Philibert de Sachins, Jehan Le Roux, Estienne Molchié, Jehan du Mesnil, Bernart de Bercies, Loys de Broce et Guille Le Boutellier. Parmi les hommes de leurs compagnies, nous trouvons des Vuillequin, des Tymbergue, des Montlehery, des Boulloy, des Charmoison, des Dadauville, des Cholet, des Dangerville, des Cotereaul, des Meaugember, etc., etc.

Si de Clermont et de Celles nous recherchons ce qui se passait à Paris, nous trouvons que du 14 au 20 mars 1370, le chevalier Philibert Daunay, maître de l'hôtel du roi, *commis de par lui, à veoir et recevoir* plusieurs montres, transmet sous son scel à Jehan Le Mercier, trésorier des guerres du roi, la revue de Robert de Sabernois, celle de Jacques de Harcourt, celle de Regnault de Douy, celle de Robert de Sabrennars, etc., etc.

Mais, à l'occasion de ces revues, et d'après les cédules données par le maître de l'hôtel du roi, il se passe ici quel-

que chose de relatif à la personne même du roi. Cet officier
paraît, en effet, particulièrement chargé de constituer les
compagnies qui formeront comme la garde de la personne
royale.

Nous avons, en effet, une pièce très-curieuse où il est
dit que les hommes passés en revue « par le Maréchal dé-
« légué de la *Mareschaussée* sont montez et armez pour
« servir et accompagner le Roy Mess^re, en sa bonne ville
« de Paris, pour la garde et sûreté de sa personne en sadite
« ville de Paris et partout ailleurs où il plaira audit Sei-
« gneur ordonner de l'accompagner (1). »

Ces dispositions générales sont d'ailleurs confirmées de
tous points par la monstre de Regnault de Douy qui fut
reçu à Pontoise le 19 mars 1370, lui, neuf autres chevaliers
et trente écuyers pour *servir à la compagnie du Roy en son
présent voyage de Vernon* (2). Une autre quittance de Robert
de Sobiennac, bachelier et chevalier, pour lui. un autre
chevalier et six écuyers, également reçus à Pontoise, pour
servir en la compagnie du Roy en son voyage de Vernon, établit les mêmes faits et nous fournit cette observation qu'admis le 19 mars, ces chevaliers touchent à Pontoise leurs
gages de la main de Jehan Le Mercier, trésorier des guerres
du roi, le 20 du même mois, c'est-à-dire le lendemain de
leur engagement. Faits qui nous apprennent que le roi, dans
ses expéditions en dehors de Paris, était accompagné
du maître de son hôtel, sorte de maréchal du palais chargé
de l'organisation d'une partie de ses troupes, en même
temps que son trésorier des guerres restait attaché à sa personne, toujours en mesure de faire la solde des hommes

(1) N° 34, 2e série.
(2) Quittance et monstre de Regnault de Douy, n°s 41, 42.

d'armes retenus pour le service du roi. Au reste, nous voyons, par plusieurs cédules d'engagement faites par le maître de l'hôtel, que si Paris était plus particulièrement le lieu des revues passées par cet officier, chef de la maison du roi, ces revues avaient également lieu tantôt au Louvre, tantôt à l'hôtel de Saint-Pol, et quelquefois au bois de Vincennes.

En relisant le chapitre xii du livre IX du traité du Père Daniel sur la milice française, on peut justement penser que cette garde, créée pour être attachée à la personne du roi, fut une institution nouvelle de Charles V, puisqu'on ne la trouve pas en exercice avant lui et qu'elle est plusieurs fois signalée sous ses successeurs.

Parmi les noms que nous retrouvons dans ces revues reçues par le maître de l'hôtel, nous pouvons citer ceux de Jacques d'Harcourt, de Boulonville, de Rambures, de Croiquerson, de Sainte-Audegonde, de Ph. de Clermont, de Crécy de Cailly, de Retel, de Boutteville, etc., etc.

Toutefois, nous ne devons pas manquer de faire remarquer, à l'occasion du nom des d'Harcourt que nous trouvons ici en 1370, au nombre des plus dévoués à la personne du roi, que si, à peu de là, un des membres de sa famille se trouva momentanément attaché à la fortune du roi de Navarre, Charles le Mauvais, ennemi déclaré de la famille royale, c'est que dans ces temps de troubles et de luttes féodales entre les rois et les maisons les plus puissantes, les hommes de la même famille passaient souvent d'un parti à l'autre, parce que ces partis, très-différents de ceux que nous connaissons aujourd'hui, et qui divisent quelquefois si profondément nos sociétés modernes, au lieu d'être fondés sur des croyances et des principes opposés, ne s'appuyaient, en général, que sur des préférences ou des intérêts purement personnels.

Si de cette information faite des compagnies mises sur pied dans les deux mois de mars et d'avril 1370, nous passons aux revues de 1371, nous retrouvons avec le même trésorier des guerres, Jehan Le Mercier, toujours diligent à faire la solde des chevaliers et gens d'armes retenus pour servir le roi *en ses guerres du Berry, du Poictou et du Limozin*, les mêmes officiers Loys de Sancère, maréchal de France, et Philippe Daûnay, maître de l'hôtel du roi.

La forteresse de Celles continue à être une des places fortes où les revues sont passées, mais dans plus de cinquante des revues que nous possédons, je n'en trouve, en 1371, aucune qui soit datée de Clermont, ce qui indique que le cercle des hostilités tendait à se rétrécir, ou, peut-être, à se concentrer par suite des plans de campagne. Mais si je ne trouve plus de revue à Clermont, j'en trouve un très-grand nombre datées de Paris, du Louvre, de l'hôtel de Saint-Pol et du bois de Vincennes. La ville de Bourges est aussi très-souvent indiquée comme le lieu où les compagnies ont été admises au service du roi, en même temps que leur solde y était quittancée par leurs chefs. Le tout se trouve avoir été fait exactement dans les formes déjà indiquées et jusques dans les mêmes termes.

Mais au point de vue de l'armement et de la défense du pays, nous avons d'autres faits à relever.

Tous les historiens sont tombés d'accord pour dire qu'après les désastres de Crécy et de Poitiers, le roi Charles V avait justement pensé qu'au lieu de se présenter à l'ennemi en bataillons nombreux et en masses compactes, il fallait tout organiser pour lui faire une guerre acharnée de partisans, en formant des compagnies peu nombreuses, mais légères et actives qui devaient finir par en avoir raison. Ce fut en se plaçant à ce point de vue qu'il recommanda à Du

Guesclin, dès les premières années qu'il l'eut à son service, de ne livrer aucune bataille rangée.

Cette manière de voir de Charles V se trouvait d'ailleurs complètement justifiée par l'aspect général de la France militaire en ce moment, alors que les armes à feu n'avaient point encore changé ni l'attaque ni la défense des places de guerre. Pour un très-petit nombre de forteresses et de places armées que nous avons aujourd'hui, la France du quatorzième siècle était, en effet, en quelque sorte, couverte d'autant de châteaux-forts qu'il y avait de chevaliers ayant la lance et la dague au poing. Les armées étrangères, en étant obligées de manœuvrer au milieu de ces obstacles sans nombre dont la réduction demandait un temps plus ou moins long et des machines d'un transport plus ou moins difficile, par des routes presque impraticables, se trouvaient incessamment arrêtées dans leurs mouvements, souvent privées de vivres et fréquemment exposées à être surprises. C'est ce que Charles V avait parfaitement compris, et les documents qui nous sont parvenus ne peuvent laisser aucun doute sur le plan et le genre d'attaque qui devait finir par lui donner raison de ses ennemis.

Nous possédons, pour les deux années 1370 et 1371, celle où la lutte et les rencontres devinrent plus vives entre les deux partis, plus de soixante-dix pièces, montres, quittances ou lettres des maréchaux et des maîtres de l'hôtel du roi, toutes relatives' aux chevaliers et aux compagnies qui entrèrent en campagne. On peut constater que chacune de ces compagnies en chevaliers et en écuyers, tous très-bien montés, ne comptait pas en moyenne plus de douze à quinze hommes d'armes; que beaucoup n'en avaient que sept à huit, et que quelques-unes seulement, comme celle du du chevalier d'Harcourt, atteignaient à peine le nombre de vingt à trente combattants. J'en trouve cependant une, celle de Regnanlt Le Baneux, qui se composait, en 1371, de deux chevaliers et de quarante-huit écuyers. On en trouve une autre, celle de Regnault de Douy, qui comptait dix chevaliers et trente écuyers, noyau principal de la garde du roi quand il se rendit, en mars 1370, de Paris à Pontoise et à Vernon, voulant sans doute s'assurer par lui-même de ce qui pourrait être entrepris du côté de la Normandie, en même temps que le maréchal de Sancère appelait près de lui, dans le Berri et l'Auvergne, les fidèles qui devaient le suivre.

Toutes ces levées et ces mises en campagne nous paraissent, en effet, plutôt résulter du mouvement spontané des chevaliers et des hommes de guerre auxquels incombait de droit la défense du pays, que d'un appel légal des vassaux hiérarchiquement astreints à un service obligatoire. Nous sommes conduits à le conclure, au moins d'après la pratique réitérée de constater chaque mois la revue des hommes admis au service du roi, comme au droit de toucher leurs gages de la main de son trésorier des guerres. Un chevalier, comptant sept autres chevaliers et quatorze écuyers dans sa compagnie, le sire Hue du Boulloy se trouve ainsi fournir à notre recueil jusqu'à neuf montres pour la même année, dans lesquels sont compris les mois de novembre, décembre, janvier et février, par cela même que sa compagnie, reçue en 1371, par le maître d'hôtel, pour faire partie de la garde du roi, ne devait pas sans doute se dissoudre à la mauvaise saison,

Une des conclusions les plus certaines que nous puissions tirer de la lettre comme de l'ensemble de ces documents, c'est que l'impulsion donnée à tous les éléments de la défense nationale procéda évidemment de la volonté du roi. Nous la trouvons partout exprimée par ces lettres qui embrassent jusqu'aux moindres détails de l'armement, mais nous la trouvons surtout dans la régularité des ordres transmis en son nom par le corps des maréchaux, soit au trésorier des guerres, soit au receveur des aides.

Ces ordres représentent en effet, une telle uniformité dans la forme des cédules, que le moindre doute ne peut être élevé sur l'origine de ces commandements et sur le soin direct et tout personnel imprimé à leur émission.

Une pièce, entre autres, comme une exception à cette règle, vient, en quelque sorte, la confirmer, et son libellé, ainsi que les détails de comptabilité qu'elle contient nous engagent à la reproduire. C'est une lettre du roi aux généraux conseillers sur les aides relatifs à la guerre.

« Charles, par la grâce de Dieu, Roy de France : A ses
« amés et féaulx les Généraulx Conseillers sur les aides or-
« dinaires pour le fait de la guerre, salut et dilection. —
« Nous avons retenu et retenons par ces présentes notre
« amé et féal Jehan Sire de Pierrebuffière, Chevalier au
« nombre de cent hommes d'armes pour nous servir en
« nos présentes guerres ès-pays de Lymosin, desquels
« cent hommes d'armes nous voulons que ledit Sire de
« Pierrebuffière face monstre de cinquante hommes d'ar-
« mes par devant notre amé et féal Chevalier et Conseiller
« Loys de Sancère, Maréchal de France, et des autres cin-
« quante hommes d'armes pour ce qu'il les prendra es dits
« pays de Lymosin en diverses forteresses et establisse-
« ments esquelles forts soit délivrer ou envoier chascun
« moys faire la monstre et revue d'iceulx. Nous voulons
« qu'il en soit cru pour en baillant chascun moys monstre
« et revue sous son scel.

« Comme s'il estoit montrez par devant mondit conseil-
« ler : si vous mandons que par notre amé et féal Trésorier
« de nos guerres, Jehan Le Mercier ou son Lieutenant,
« vous faciez faire paiement audit Sire de Pierrebuffière
« pour lui et lesdits cent hommes d'armes pour un moys
« à compter du jour de leurs monstres et doresnavant de
« moys en moys jusqu'à leur cassement et comme il ap-
« prendra à la manière qu'il sera contenu esdites monstres
« et revues se elles y chéent et nous mandons à nos amés
« et féaulx gens de nos comptes à part que tout ce que
« mon dit Trésorier aura paié au dit Sire de Pierrebuffière
« jusqu'à sondit cassement par rapporant ces présentes,
« lesdites montres et revues et quittance sur ce il aloent
« en ses comptes et rabatent de sa recepte sans aucun
« contredit non contrestant ordonnance mandemens ou
« défense à ce contraires. Donné à Paris le XVIe jour
« d'avril l'an de grâce (1371) et de notre règne le VIIIe.

Par le Roy

Gabarr. n.

Comme on le voit, c'est ici un engagement direct fait par
le roi. Mais tout en prescrivant lui-même la stricte application des règles instituées tant pour la revue des hommes
engagés que pour le paiement de leur solde, ce que confirme à nouveau le sous-ordre des généraux chargés de la
comptabilité des aides que nous renvoyons aux notes (1).

(1) « De par les Généraulx-Conseillers, à Paris. sur les aides de
« la guerre. Jéhan Lemercier, trésorier des guerres du Roy Mess^{re},
« nous vous mandons que en vous baillant par le sire de Prebuf-
« fière la monstre revue par Mons le Mareschal de Sancère de cin-
« quante hommes d'armes dont les lettres du Roy Mess^{re} aux quelles
« ces présentes sont attachées sous l'un de nos signes font mencion

Ce fut donc bien, comme on l'a dit, du cabinet même du roi Charles V, que partirent à la fin du quatorzième siècle les ordres et les mesures d'organisation qui rendirent à notre pays la libre disposition de son territoire envahi par les Anglais depuis un demi-siècle.

La valeur et le mérite de l'organisation militaire dont ce prince fit choix pour se débarrasser de ses ennemis ne peuvent être contestés, croyons-nous, et si Du Guesclin lui-même, le vaillant connétable dont la renommée remplissait alors le monde, se trouva arrêté devant Châteauneuf-Randon, sorte de bicoque au pied des murs de laquelle il mourut, on peut en conclure, ce nous semble, qu'aucune autre organisation n'aurait su, dans le temps, mieux valoir que celle que Charles adopta. Mais cette organisation même, sa stricte et rigide méthode de ponctualité dans les recettes

« voue faciez audit Sire de Prebuffière paiement pour lui et les dits
« cinquante hommes d'armes pour un mois à compter du jour de
« leur monstre et en temps à venir de mois en mois en recevant les
« reveues faictes par devant ledict Mons le Mareschal, jusqu'à leur
« cassement, et semblablement lui faictes paiement pour les autres
« cinquante hommes d'armes pour un mois à compter du jour de leurs
« monstres par un ce qu'il vous promectera par ces présentes lettres
« à rapporter ou envoyer dedens un mois après ce que faict lui au-
« rez le dict paiement leurs monstres qui seront reveues par ceux
« que ledict Mons ledict Mareschal aura comis à les recevoir et aussi
« de mois en mois li faictes le dict paiement des dits cinquante hom-
« mes d'armes en lui baillant les reveues reçues par les dits comis
« et par rapportant les dites lettres du Roy Messᵣᵉ, ces présentes,
« les dites monstres et reveues et quittances sur ce. Ce que ainsi li
« aurez paié sera alloué en vos comptes et rabatu de votre recepte
« sans contredict. Donné à Paris sous nos signes, le XVIIIᵉ jour d'a-
« vril mil CCC LX onze. »

comme dans la dépense des deniers dont il disposa, ne furent pas un des éléments les moins assurés du succès de ses armes comme de sa politique.

Comme nous l'avons dit, nous n'avons pas prétendu refaire l'histoire de Charles V, mais nous avons trouvé curieux et instructif, en reprenant un à un des documents particuliers et inédits, d'y trouver la confirmation de ce que les contemporains nous avaient dit de l'habileté de ce prince.

En quelques années, il sut reconquérir la Guienne, le Poitou, la Saintonge, le Rouergue, le Périgord, le Limousin, le Pontieu, la Normandie, et préparer de loin l'annexion de plusieurs autres provinces destinées à former cet ensemble compact et formidable qui, pour de longs siècles, plaça la France à la tête de la civilisation.

L'occupation de Paris par les Anglais et les premières années du règne de Charles VII, nous fourniront d'autres détails sur une époque et des désastres qui rappellent à tant d'égards les faits qui viennent de s'accomplir sous nos yeux.

DEUXIÈME SECTION.

Du règne de Charles V, commencé en 1364 et terminé en 1380, nous passons à celui de Charles VII, qui ne s'ouvrit qu'en 1422, après quarante ans de nouveaux malheurs pour la France. Ce n'est pas que nous ne possédions un certain nombre de documents sur les événements qui se passèrent sous le règne de Charles VI ; mais à part la valeur économique qu'ils peuvent avoir et dont nous ferons usage plus tard, on peut dire qu'ils n'apprennent rien de bien neuf sur les faits qui s'accomplirent. — A tout prendre ces faits n'ont guères qu'une valeur négative, celle de nous faire toucher au doigt, par leur incohérence et le peu de méthode qu'ils présentent, ce que les actes de l'administration et du règne de Charles V eurent de rigide et de parfaitement ordonné. En voyant sous Charles VI tant de personnes entremises dans le recrutement et la solde des hommes de guerre, qui touchaient leurs gages, ici et là, partout où l'on pouvait trouver quelques deniers ; tantôt chez les *grenetiers* ou les mesureurs à la vente du sel, tantôt chez les receveurs des aides, ou les percepteurs des droits de *tocnage* en rivière et sous le passage des ponts, on juge de suite que les finances comme la comptabilité de cette époque étaient en plein désarroi. On ne saurait, en effet, trouver nulle part une main ferme qui fût en mesure d'assurer la régularité des services publics.

On sait comment se perdit ainsi le fruit des vaillantes entreprises de Charles V et combien de nouveaux malheurs vinrent s'abattre sur notre pays en le livrant de rechef à ses ennemis.

Une dernière combinaison, celle du mariage, en 1420, d'une des filles de Charles VI avec le jeune roi d'Angleterre, Henry V, en transmettant à celui-ci et à ses descendants l'héritage direct à la couronne de France, fut au moment, dans les premières années du quinzième siècle, de consommer notre ruine et de faire rayer la France des grands pays d'Europe, en la plaçant au rang des provinces annexées que l'Angleterre possédait déjà sur le continent.

Le Dauphin Charles, troisième fils de Charles VI, avait donc été évincé de la succession à la couronne de France au profit de l'étranger qui avait épousé sa sœur Catherine.

Tout paraissait devoir consommer cette honteuse combinaison préparée pour notre anéantissement ; mais en 1422, après quelques succès d'une importance secondaire obtenus par le Dauphin, Henry V, ayant passé précipitamment d'Angleterre en France, pour prendre sa revanche de la défaite de ses troupes à Baugé, tomba tout-à-coup gravement malade des suites d'une maladie résultat de ses débauches.

Il mourut au château de Vincennes, le 28 août 1424, n'ayant que 36 ans et s'étant déjà en quelque sorte emparé de la couronne de France en tenant, à Paris même et au Louvre, une cour plénière où il s'était présenté accompagné de sa femme Catherine, ayant lui et elle le diadème en tête.

Un jeune enfant qui ne comptait que neuf mois était le seul fruit de ce mariage, et cet enfant se trouva ainsi désigné pour porter la double couronne de France et d'Angleterre. — La mort de Charles VI survenue le 21 octobre, quelques mois après celle de Henry V, sembla consacrer définitivement cet avénement d'un prince étranger que la perte de la bataille d'Azincourt avait si fatalement préparé.

Avant de mourir, Henry V avait en effet pris les mesures qui devaient assurer cette combinaison. Son fils, le jeune Henry VI, laissé en Angleterre, fut remis, pour son éducation, aux soins du cardinal de Winchester en même temps que le prince de Gloucester, l'un des frères du roi mort, fut chargé de la régence du royaume d'Angleterre. Un autre frère du même roi, le duc de Bedfort, fut préposé au gouvernement de la France et pourvu de la régence de notre pays pendant la minorité d'Henry VI.

Paris devint le siége de ce gouvernement et partagea avec Rouen, déjà fortement occupée par les Anglais, l'avantage de posséder presque sans interruption le régent duc de Bedfort.

Cette occupation ne fut pas très-différente de celles que

notre temps nous a fait malheureusement connaître : des
princes et des seigneurs étrangers furent pourvus de tous
les grands commandements ; mais on vit aussi à leur suite
des ambitieux et des complaisants, qui, oubliant leur pays
et leur origine, s'empressèrent d'emboîter le pas à la suite
des envahisseurs.

Tous les noms des chefs qui furent préposés à la garde
de notre pays ne sont pas arrivés jusqu'à nous, mais nous
pouvons en citer quelques-uns qui sont souvent reproduits
dans les pièces que nous possédons.

Une lettre du régent du 24 décembre 1424 nous édifiera
sur une partie des faits qui s'accomplissaient. Cette lettre,
datée de Rouen, est à la fois adressée « au révérend père
« en Dieu, son très-cher et aimé cousin l'évesque de Thé-
« rouenne (1), conseiller trésorier général, gouverneur
« des finances du roi en France, et à son très-cher et bien
« amé escuier Hamon de Bellenap, trésorier général, gou-
« verneur de ses finances en France et Normandie. » —
Le régent déclare qu'il est venu à sa connaissance que les
ennemis du roi et de sa personne tenant le parti de *Charles
qui se dit dauphin du Viennois*, s'efforcent de tout leur pouvoir de s'assembler pour venir secourir la ville et le château de Milly en Gastinais et qu'il importe de les en dé-

(1) Ce personnage placé si avant dans la confiance des rois d'Angleterre fut un des juges de Jeanne d'Arc et se trouve mentionné comme
l'un des quatre évêques qui assista Henry, cardinal d'Angleterre,
quand le jeudi 24 mai 1431 la pauvre fille fut amenée devant ses
bourreaux dans le cimetière de l'abbaye de Saint-Ouen de Rouen
pour faire abjuration de ses prétendues erreurs. — A quelques années de là, quand le jeune Henry VI fit son entrée à Paris comme
roi de France, ce même évêque y figurait avec le titre de chancelier
du royaume.

tourner en mettant sur pied le plus promptement possible une force suffisante de lances et de gens d'armes. Les trésoriers sont invités à leur faire payement d'un mois de leurs gages, sans que les capitaines soient astreints à présenter leurs hommes à la revue comme l'usage en était (1).

(1) Lettre du duc de Bedford : — « Jehan, régent le royaume de « France duc de Bedford, à révérend père en Dieu et notre très- « cher et amé cousin l'évesque de Therouenne conseiller trésorier « général gouverneur des finances de Monseigneur le roi de France « et notre très-cher et bien amé escuier Hamon de Bellenap trésorier « général gouverneur de nos finances en France et Normandie « salut et dilection. Il est venu à notre congnoissance que les enne- « mis de monseigneur le roi et de nous tenant le party de Charles « qui se dit dauphin de Viennoys se efforcent de tout leur pouvoir « de eulx assembler pour venir secourir les villes Chastel et for- « tresse de Milly en Gastinais lesquelles sont en composition avec- « ques notre cher et amé cousin le comte de Salisbury et du Perche « pour estre rendues et mises en l'obéissance de monseigneur le « roy et de nous, au second jour de janvier prochain venu, au cas « que lesdits ennemis ne soient plus fors devant ladite place que « notre dit cousin. Et pour ce que nous désirons ycellui notre « cousin estre à icelle pour bien accompaigné, avons ordonné estre « et aler en sa dite compagnie certains nombre de gens d'armes et « les archers tous à cheval sous les capitaines desnomés et escrits « au rôle de parchemin parmi lequel les présentes sont infixées, « auxquels capitaines gens d'armes et archers ou leurs homes « nous avons ordonné et ordonnons par ces présentes estre fait « prest et paiement promptement et dans le XXX° jour de décembre « sans faire monstre, des gaiges et regard du nombre des escuiers « archers déclarés audit rôle et vous mandons et expressement en- « joignons que par notre bien amé Pierre Suireau receveur général « des dites finances en Normandie vous faciez des deniers par lui re- « çus ou à recevoir tant de l'aide ordinaire.......... pour le paie-

Cette lettre, datée de Rouen du 24 décembre 1424, comme nous venons de le dire, est suivie d'un rôle également dressé par ordre du régent que nous trouvons à cinq jours de là, le 29 décembre 1424, devant Milly, en un lieu appelé *La Journet.*

Ce rôle n'est autre que la désignation des capitaines et des chevaliers appelés sous les murs de Milly pour reduire cette forteresse.

— Ce sont :

— Messire Jehan Falstaff, grand maître d'hostel;

— Le comte de Salisbury;

— Messire de Willtby, capitaine de Rouen;

Un Chroniqueur le désigne comme un bâtard du comte de Salisbury.

— Messire Guille Buhopston, capitaine de Guillan (Guiene);

— Jehan Hermeford, capitaine de Saint-Germain-en-Laye et de Poissy;

— Messire Jehan Beauchamp, capitaine de-Pont-de l'Arche;

« ment des avantages deus aux soudoyés. Comme du terme Saint-
« Michel dernier passé paier bailler et délivrer les gaiges es regard
« desdits capitaines gens d'armes et archers contenus audit rôle
« sans monstres ou revues pour ung moys entier contenant le jour
« qu'ils feront leurs dittes monstres mesmement à desservir tant
« pour aller à ladite joute de Milly en la compagnie de mon dit
« cousin comme ailleurs où nous les voudrons employer, et les
« quels capitaines sont tenus faire monstre de leurs dits gens par
« devant notre très-cher et bien amé chevalier et chambellan Messre
« Thomas Rampston lequel nous avons comis à ycelles recevoir.
« Et par rapportant ces présentes que voulons estre garant souffi-
« sant à vous et audit receveur général avecques quittance desdits

— Jehan Bouryh, capitaine de Vernon ;

— Waillis, bailli d'Evreux ;

— Guillaume Delpbly, capitaine de Pontoise ;

— Jehan Middestret, capitaine de la Bastide-Saint-An-
thoine, à Paris ;

— Guillaume Dappilly, écuyer, capitaine de Pontoise ;

— Messire Jehan Hancforde, capitaine du fort Mont-Joie
(Saint-Denis) ;

— Guillaume Herman, sénéchal et contrerolleur à Mantes ;

— Thomas Marsterson, écuyer, bailly de Caulx ;

— Nicolas Raffet, capitaine de Vallemont ;

— Edouart Matreville, bailly de Mantes ;

— Thomas Macferson, capitaine de Neufchastel ;

— Richart Macbury, capitaine de Gisors.

Comme on le voit, le régent et les Anglais, en réglant
l'occupation des postes destinés à assurer la possession
des pays envahis, n'avaient eu garde de négliger, outre les
forteresses et les points militaires où leurs hommes d'armes devaient se concentrer, les villes comme Rouen, Mantes, Evreux, où les agents du fisc et les magistrats à leur

« capitaines tout ce que payé leur aura esté pour ledit mois tant
« seulement soit alloué es comptes et rabatu de la recepte d'icelui
« receveur général par nos très chers et bien amés les gens des
« comptes de mon dit seigneur le roy à Paris et partout ailleurs où
« il appartiendra auquels nous mandons et par ces mêmes présentes
« enjoignons que ainsi le facent sans contredit ou difficultés quel-
« conques, nonobstant qu'il n'apporte ?............ monstres ou
« revues, et ordonnances, mandements ou défenses au contraire. —
« Donné à Rouen sous notre scel le XXIIIe jour de décembre l'an
« de grâce mil CCCCXXIIII par monseigneur le régent le royaume
« de France duc de Bedford.

« Signé Keret. »

3.

nomination devaient se tenir. En cela les pays, envahis dans le moyen-âge, paraissent avoir passé sous la domination étrangère d'une manière beaucoup plus étroite que de notre temps.

Mais qui ne serait saisi d'une vive curiosité en voyant, à la tête de la pièce que nous venons de citer, les noms de Falstaff et de Salisbury, et qui ne serait conduit, par cela même, à reprendre Shakspeare le grand dramaturge pour voir ce que le poète a dit des personnages que ses drames ont immortalisés. En nous remettant avec lui devant les tableaux vivants qu'il nous a laissés des règnes d'Henry IV et d'Henry V d'Angleterre, nous nous trouvons reportés avec l'historien, encore plus qu'avec le poète, au milieu même des événements qui se passèrent presque sous ses yeux et dont il avait certainement entendu parler tout au moins par les petits-enfants de ceux qui y avaient pris part. Aussi ses drames sont-ils pour nous comme des mémoires à consulter, et si le poète a souvent coloré des flammes de son imagination les beaux portraits qu'il fait passer sous nos yeux, nul ne saurait y méconnaître la couleur toute locale qu'il leur a donnée en rendant à ses acteurs le geste et l'attitude qui les personnifient. — Quant à la physionomie générale des événements qu'il reproduit, il leur à conservé leur caractère et n'a pas manqué de reproduire jusqu'aux mœurs et aux habitudes qui constituaient l'existence de ces âges.

Mais, avant d'aller plus loin, faisons remarquer qu'en retrouvant ici, à la tête d'un rôle militaire de 1424, le nom de Falstaff, avec le titre de grand maître de l'hôtel du régent, frère d'Henry V, il ne peut plus rester de doute sur l'existence réelle de cet illustre personnage, qui, depuis tant de temps, défraie la verve humoriste de l'ancienne Albion.

Comment, après cette révélation inattendue de l'histoire qui nous signale, au sein même de la cour d'Henry V, un Falstaff si bien placé pour avoir été son compagnon de débauche, comment croire à ce qui a été dit de l'intervention de la reine Elisabeth près du poète pour faire à celui-ci substituer le nom de *Falstaff,* que les historiens donnent comme un nom de fantaisie, au nom d'une famille respectable, celle des *Oldcastle,* qu'il aurait d'abord emprunté au parti religieux des Wicklefites, dans le but de le ridiculiser. Nous ignorons s'il existe des éditions de Shakspeare où le nom d'*Oldcastle,* chef malheureux d'une secte vaincue, ait réellement figuré; mais, quoi qu'en ait dit M. Guizot, dans une note de sa traduction du drame d'Henry IV (1), et M. Henri Martin, dans le sixième volume de son histoire de France (2), il faut tout simplement revenir à ce fait que le jeune débauché, compagnon du prince de Galles, qui fut Henry V plus tard, s'appelait bien Jehan Falstaff, comme l'indique notre rôle militaire et se trouva être longtemps son maître d'hôtel comme le prouve aussi la pièce que nous produisons.

Cette parfaite déférence du poète à la vérité historique, nous engage à signaler quelques-uns des traits qu'il nous a transmis sur les personnages que nous trouvons en scène, et nous conduit à redire avec lui quelles outrecuidances et quelles défaillances amenèrent, dans le quinzième siècle comme aujourd'hui, la ruine de notre pays et les désastres d'une longue invasion. Nous verrons, en le citant, comment, à cinq siècles de nous, nos ennemis s'enhardissaient déjà dans leurs entreprises par les défauts et les

(1) Note 7 de la première partie du drame d'Henry IV.
(2) Page 3 du tome VI de la quatrième édition.

faiblesses qu'ils nous connaissaient; et comment ils fon-
dèrent leurs plus brillants succès sur la légèreté de notre
caractère et l'instabilité de nos croyances.

Si l'on s'arrête au premier acte du drame historique que
le poète nous a laissé sous le nom d'Henry V, de ce prince
qui fut un instant roi de France, et que le souvenir d'A-
zincourt nous rappelle si tristement, on reste comme étonné
de la vérité émouvante des positions prises par les hommes
et les partis qui se rencontrèrent sur ce champ de bataille.

« — Vous nous parlez des désordres et des légèretés de
« notre jeunesse, dit au messager du Dauphin de France,
« le roi Henry le Fidèle, compagnon de Falstaff.... — Les
« événements sont dans la main de Dieu à qui j'en appelle,
« et c'est en son nom, annoncez-le au Dauphin, que je me
« mets en marche pour me venger et déployer un bras armé
« par la justice dans une cause sacrée.

« N'en doutez pas, dit le chœur qui ouvre ces scènes, car
« Henry, pareil au dieu Mars, mène en laisse comme des
« limiers la famine, la guerre et l'incendie qui rampent à
« ses pieds pour demander de l'emploi...

« Aussi toute la jeunesse d'Angleterre brûle-t-elle du feu
« des combats... et l'espérance, assise sur les airs, tient
« une épée dont le fer, depuis la garde jusqu'à la pointe,
« est caché sous l'amas de couronnes de toutes grandeurs
« qui l'entourent, couronnes d'empereurs, couronnes de
« rois et de ducs promises à Henry et aux braves qui le
« suivent. »

On le voit, ce sont toujours duchés, couronnes et em-
pires, mis en réserve par la souveraine volonté de Dieu en
faveur des vainqueurs qui l'invoquent. Mais si, très-près
de nous, il y a peu de jours, couronnes d'empereurs, de

rois et de ducs s'abritaient encore sous la garde de certaine
épée, il y a quelques années seulement qu'un autre capitaine se disant aussi inspiré de la volonté de Dieu, distri-
buait ces mêmes couronnes aux quatre coins de l'Europe.
— La méthode est vieille de plusieurs siècles, mais ni Dieu
ni le temps ne paraissent jusqu'à présent en avoir assuré le
succès pour une longue durée.

Après cet exposé, le poète nous fait assister aux premiers
actes de cette guerre qui coûta tant de larmes à la France,
et, comme celle qui vient de se terminer sous nos yeux,
nous voyons, dès le débarquement de l'ennemi, que les
pillards d'outre-manche agissaient comme ceux que nous
venons de voir de si près. — Ici c'est le lieutenant Bardolph
qui a volé un étui de luth et qui, *après l'avoir porté pendant douze jours, le revend pour trois demi-sols.* — A Calais
ce sont d'autres maraudeurs qui emportent *jusqu'aux pelles
à feu,* sur quoi le page de Falstaff vient à penser *que ces
gens-là avaient sans doute envie de devenir des marchands
de charbon.*

Que d'Allemands ont eu des envies du même genre!

Cependant le jeune page ajoute que ces pillards eurent la
pensée de le *rendre aussi famillier avec les poches des autres
que le sont les gants avec le mouchoir...* Mais qu'il sut repousser un si funeste exemple. Nous voudrions pouvoir en dire
autant de tous les Allemands qui, après avoir emprunté les
pelles de nos foyers, ont su découvrir tout ce qui se cachait
dans les placards et les armoires les plus dérobés.

Mais suivons le poète sous les murs d'Harfleur. Dès que
les Anglais les ont battus en brèche, Henry entre en pour-
parlers avec le gouverneur. Il ne lui cache pas que le sol-
dat *déchirera la ceinture des vierges en même temps qu'il sai-
sira les vieillards par leurs barbes d'argent pour lancer leurs*

têtes contre les murs, pendant que d'autres emporteront les enfants sur le fer de leurs lances à la vue des mères perçant les nuages de leurs hurlements.

Voilà, suivant le poète, ce que fut la guerre de ces temps, à laquelle celle de nos jours ressemble malheureusement par tant de côtés.

Mais avant d'en venir à l'action décisive, le poète nous a tracé d'autres tableaux où nous retrouvons plus d'un portrait des hommes de notre temps. — Nous sommes au Louvre, où l'habile annaliste nous fait assister au dialogue suivant :

« Il est certain, dit le roi, qu'Henry a passé la rivière de « Somme.

« O Dieu vivant, s'écrie le Dauphin : quelques boutures « sorties de nous, le superflu du luxe de nos ancêtres...

« Oui, des Normands, des bâtards, dit le duc de Bour- « bon ; mort de ma vie, s'il faut qu'ils traversent ainsi le « royaume sans combat, je veux vendre mon duché pour « acheter quelque marais fangeux dans cette île irrégulière « d'Albion... — Où donc ont-ils puisé cette ardeur, dit le « connétable, leur climat est couvert de brouillards, et le « soleil tue leurs fruits de ses sombres regards. — Leur « bière, de l'eau et de l'orge fermentée, boisson faite pour « des chevaux poussifs, peut-elle donc échauffer à ce degré « leur sang épais et l'enflammer de cette bouillante valeur, « et le sang français, avivé par les esprits du vin, paraî- « tra-t-il glacé auprès du leur.

Enfin le roi se décide à envoyer son héros Mont-Joie au roi d'Angleterre et il lui signifie l'ordre de lui porter un *insultant défi, car ses fidèles ne peuvent manquer de l'ame- ner enchaîné à Rouen s'il ne traite immédiatemeut de sa ran- çon.*

« Oui, reprend le connétable, voilà le rôle qui sied aux grands d'une nation, — puis, faisant allusion à la maladie et aux fatigues qui décimaient l'armée anglaise (1) , il ajoute :

« Qu'il a seulement un regret, celui de voir l'ennemi si
« faible et si peu nombreux, car de combat il ne peut y en
« avoir. Aussitôt qu'il verra paraître notre armée, son cœur
« s'abîmera dans la crainte, et son plus grand exploit sera
« de nous offrir sa rançon.

Le sarcasme est sanglant, comme on le voit, et cependant on peut dire qu'il n'était, dès le temps de Shakspeare, qu'un trait de mœurs, et qu'avant Azincourt, déjà une fois, en 1356 à Poitiers, c'était aussi là ce que s'était dit le roi Jean avec ses 60,000 combattants, quand il se crut prêt à écraser le prince de Galles qui demandait à se retirer avec les 12,000 Anglais qui le suivaient.

Notre caractère, il faut bien l'avouer, n'a pas changé, et si, en juillet 1870, tous les échos retentirent du nom de Berlin, c'est que l'on crut alors, comme au quinzième siècle, que l'ennemi n'avait rien de mieux à faire que de préparer sa rançon.

Mais le poète, comme illuminé par son sujet, se refuse à rien négliger dans la peinture qu'il a entreprise ; et, de la cour du roi de France, il nous conduit aux deux camps des combattants.

La veille de la bataille, comptant toujours sur le nombre, les Français attendent impatiemment le lever du soleil et chacun vante ses armes, son cheval, son armure. Par Dieu, dit le connétable, j'ai bien la meilleur cuirasse du

(1) Les historiens du temps estiment que la moitié de l'armée anglaise, travaillée par une cruelle dyssenterie, n'avait pu suivre le mouvement du corps principal.

monde. — Le Dauphin et le duc d'Orléans se disputent pour savoir lequel d'entre eux possède le meilleur cheval ; puis ils passent de là à leurs maîtresses comme cela a encore lieu de nos jours sous toutes les tentes où l'on veille.

La nuit avançait cependant : minuit vint à sonner, et quelques chevaliers s'armaient, quand le Dauphin demanda qui voudrait courir avec lui les risques de faire vingt prisonniers aux anglais sans plus attendre.

« Oui le Dauphin meurt d'envie de manger des anglais,
« dit un chevalier prompt à la repartie. — Par la main de
« ma dame, reprend le duc d'Orléans, le Dauphin est un
« aimable prince, et, si les anglais avaient un peu de bon
« sens, ils se sauveraient, mais c'est le bon sens qui leur
« manque, car si leur cervelle avait la moindre défense
« intellectuelle, jamais ils ne pourraient porter des casques
« si pesants. — Il faut avouer cependant reprend le cheva-
« lier Rambure, que cette île d'Angleterre produit de va-
« leureuses créatures : leurs dogues, par exemple, sont
« d'un courage sans pareil. — Oh ! par Dieu, riposte le
« duc d'Orléans, voilà d'excellents chiens qui vont se jeter
« les yeux fermés dans la gueule de l'ours qui leur écrase
« la tête comme des pommes cuites. — Vous avez raison,
« ajoute le connétable et les hommes de ce pays-là ressem-
« blent à leurs dogues dans leurs manière lourde et pesante
« d'attaquer.....

« Mais il est temps de nous équiper... il est deux heures
« du matin ; avant qu'il en soit dix, nous aurons à nous
« chacun une centaine d'Anglais....

On peut juger d'après ces extraits à quel point l'esprit de vantardise et de fanfaronade était dès le seizième siècle, au temps de Shakspeare, signalé à l'étranger comme un des traits prononcés du caractère français.

Mais passons un instant au camp de l'armée Anglaise.
— Salisbury et Bedford que nous trouvons à Paris, à la
tête de la régence, devisant avec les autres seigneurs, qui
figurent dans les actes que nous possédons s'expriment
ainsi qu'il suit :

« Que le bras de Dieu combatte avec nous, dit Salisbury.
« C'est une perilleuse partie, et je vais à mon poste. —
« Si nous ne devons plus nous retrouver que dans les
« cieux, allons pas de tristesse... mon noble lord Bedford,
« mon cher Gloucester, et toi mon tendre parent : braves
« guerriers, adieu à tous.

« Adieu, brave Salisbury, que le bonheur t'accompagne !
« lui répond Bedford. »

C'est ainsi que Shakspeare, cet incomparable peintre de
mœurs, retraçait, dès la fin du seizième siècle, la physionomie des deux peuples. Serait-il possible aujourd'hui, après
avoir eu à subir, à cinq siècles de distance, des désastres du genre de ceux de Poitiers et d'Azincourt, de nier
l'exactitude des traits sous lesquels le poète s'est maligne-
ment attaché à nous peindre. — On ne le saurait, car l'histoire est parfaitement conforme au dire du poète, et on
peut voir dans le livre de M. Henri Martin, qui a relevé
avec soin les faits qui précédèrent la malheureuse journée
d'Azincourt, quelle incurie et quelle négligence il y eut
du côté des Français avant que leurs ennemis eussent passé
la Somme ; et, au jour de la lutte, quel défaut d'entente il
y eut de la part des chefs, et quelle confusion il y eut aussi
dans les bandes indisciplinées que nous essayâmes de mettre en ligne au dernier moment.

Quant aux contemporains qui virent les événements ou
en entendirent parler, il suffit de rappeler ce que disait
l'un d'eux : « qu'alors Français ne tenoient foy ni loyauté

« à créature du monde ni mariage ni autrement ; déso-
« loient et violoient églises, prenoient à force toutes fem-
« mes de religion et autres... si bien que oncques plus
« grand desroi ni desordonnance de voluptés, de péchés,
« ni de mauvais vices ne fut vu. »

Mais ce qui peut nous paraître plus triste que ces souve-
nirs eux-mêmes, c'est que l'expérience et les siècles ne paraissent avoir servi qu'à bien peu de chose dans notre
éducation et que les leçons reçues, si souvent qu'elles
soient répétées, semblent passer comme lettres-mortes, sans
que le caractère et le tour d'esprit de notre nation se mo-
difient ou s'amendent.

Qu'on nous permette cependant encore quelques traits
empruntés à nos vielles chartes.

Après Falstaff, Salisbury et les capitaines anglais, qui,
restés dans leur rôle, s'étaient partagé les grands commandements du pays, voici venir, à leur suite, quelques hommes, qu'à l'appellation de leurs noms, nous devons regarder comme Français. C'est d'abord *Pierre Suireau* que
nous trouvons désigné dans beaucoup de pièces comme
receveur général des finances de Normandie. Nous ne
pouvons voir en lui qu'un agent comptable que le vain-
queur a laissé en fonction pour être plus sûr de l'exactitude
des rentrées de la finance. C'est évidemment là un de
ces comptables, comme il s'en trouve à toutes les époques
qui, sans faire état des malheurs du temps et des désastres de leur pays, restent invariablement au poste dont
les émoluments leur semblent chose duement acquise. —
Je suis confirmé dans cette opinion en voyant près de lui,
avec le même titre et comme exerçant un double emploi,
un prélat Anglais qui n'est là que pour couvrir le tout de
son nom et de sa dignité.

Mais voici un autre personnage dont nous trouvons le nom deux fois repeté dans les quittances que nous possédons. Il nous paraît encore plus Français que Pierre Suireau ; c'est *Bérard de Monferrant*, « chevalier, conseiller du roi et « de monseigneur le régent du royaume de France, duc de « Bedford.—il confesse : « avoir eu et reçu de Pierre Suireau « receveur général des finances de Normandie, la somme « de quatre cent livres tournois qui due lui estoit à cause « de sa pension de VIII cent livres par an. » — Jusque-là, rien que de très-ordinaire, mais la même pièce ajoute que Bérard de Montferrant a touché cette demi-pension *par vertu de lettres de garant* du régent de France, datées du vingt quatrième jour de juillet 1425, la quittance portant elle-même la date du vingt-huitième jour du même mois et de la même année, de sorte que les lettres de garant, qui dans toutes les autres pièces de ce genre que nous possédons se trouvaient toujours avoir une date antérieure à l'établissement de la pension, ont été accordées ici de manière à faire profiter le titulaire du bénéfice d'un semestre entier de sa pension pour les six mois déjà écoulés quand celle-ci vint à être fixée.

Une autre quittance du même jour, 28 juillet 1425, et du même chevalier de Montferrant porte que ce gentilhomme a reçu, toujours de Pierre Suireau, receveur général des finances de Normandie, la somme de 1,266 livres 11 sols, 2 d. pour ses gages et ceux de six hommes d'armes, et cinq hommes de trait tous à cheval, *pour trois quarts d'an* commencés le 29 septembre jour de Saint Michel 1424 et finissant le vingt-huitième jour de juin 1425 ; et cela comme dans la pièce précédente *par vertu des lettres de garant* de monseigneur le régent de France, datées du vingt-quatrième jour de juillet 1425, c'est-à-dire du même jour, où à peu près, que la quittance elle-même.

Nous ne pouvons voir dans ces rapprochements de dates, complètement contraires aux usages suivis, qu'un acte de complaisance envers un serviteur gagné à la cause de l'étranger. Ce qui nous confirme dans cette opinion c'est que ce serviteur, sorti des rangs des vaincus pour passer dans celui des vainqueurs, en donnant quittance des sommes dont on le gratifie, s'évertue, à affirmer, dans les termes les plus obséquieux *sur sa foy et loiauté qu'il a bien eu et tenu les sommes qui lui ont été accordées et qu'il s'en tient pour content et bien payé*, en *tenant quitte le roy, messire le receveur et tous aultres.*

Les scènes empruntées à Shakspeare, comme les pièces que nous venons de citer, véritables mémoires des temps que nous étudions, ne peuvent donc laisser aucun doute sur la persistance des mœurs et du caractère national de notre pays, en descendant de cette lointaine époque jusqu'à nous.

Que vous vous arrêtiez à Azincourt, en 1415, à Poitiers, en 1356, où à Paris, au commencement de la campagne de 1870, quand la population entière criait à Berlin ! vous retrouvez la même impéritie, le même aveuglement sur les ressources de l'ennemi et jusqu'à la sotte et folle confiance qui a si souvent laissé croire aux hommes de notre pays qu'aucun autre peuple ne pouvait faire mieux que lui et ne saurait faire aussi bien.

Très-hardi serait aujourd'hui celui qui croirait pouvoir dire quand cette manière de voir et de juger les événements finira par se modifier.

TROISIÈME SECTION.

Si, après avoir essayé de dégager le fait purement militaire des documents qui forment le dépôt que nous avons eu le bonheur de sauver d'une destruction imminente, nous nous arrêtons à considérer ces mêmes documents par le côté économique qu'ils présentent, nous y trouvons, sur la solde des hommes de guerre ainsi que sur celle des magistrats et des hommes d'administration des quatorzième et quinzième siècles, des renseignements dignes d'intérêt.

Nous avons d'abord, en prenant la tête des armées alors existantes, les quittances de deux amiraux et d'un maréchal de France qui nous disent comment ces chefs étaient traités.

C'est Philippe de *Culant*, chevalier, conseiller, chambellan du roi, *maréchal de france*, faisant la guerre en pays de Poictou, qui donne quittance au secrétaire du roi, *maistre Pierre Garnier* de la somme de........ 300 l. t. pour le mois de juillet 1441.

Ce qui valait, au taux actuel de l'argent

à 55 fr. le marc...................... 1,875 fr.

et suivant le pouvoir de l'argent 8,250

et par conséquent pour l'année entière

la somme ronde de 99,000

Après ce maréchal de France nous trouvons *Frégent de Coëtivy*, conseiller chambellan du roi, *admiral de France* (1), qui donne quittance à *maître Etienne Petit*, secrétaire du

(1) La dignité *d'amiral de France* ne fut réellement constituée d'une manière définitive qu'en 1669 par un édit de Louis XIV. — Jusques-là les provinces de Guienne, de Bretagne et de Provence

roi et receveur général de ses finances, au pays de Languedoc, de la somme de.................... 2,000 l, t.

valant au taux actuel du marc...... 12,480 fr.

et suivant le pouvoir de l'argent..... 75,000

mais comme cette somme résulte d'un vote des Etats du Languedoc réunis à Montpellier en 1444, il est probable qu'il ne s'agit ici que d'une gratification du genre de celles qui se distribuaient du temps de Louis XIV à tous les grands seigneurs, présidents des Etats provinciaux.

Mais voici, un peu plus tard, en 1491, Loys de Graville (1), conseiller, chambellan du roi, *admiral de France*, qui donnait quittance à *Jean Lalemant*, receveur général des finances du roi au pays et duché de Normandie de la somme de dix mille livres, à savoir :

Pour sa pension et entretainement pendant l'année advenue le 1ᵉʳ janvier 1491.................... 8,000 l.t.

Et pour ses gaiges à cause de son office d'amiral.. 2,000

Le tout, au taux actuel de l'argent,

valant :.......................... 50,000 fr.

Et suivant sa puissance au moins.. 300,000

En passant de ces grands dignitaires de l'armée aux officiers commandant les châteaux et les forteresses alors si multipliés, nous trouvons le chevalier de Fonteville, capitaine du Chastel et de la ville d'Arques, qui au terme de la St-Michel, c'est-à-dire de la St-Jean-Baptiste, 25 juin au

avaient chacune un amiral en titre. L'autorité de l'amiral de France ne s'étendit, jusqu'à cette époque, que sur les côtes de la Manche, du cap St-Mathieu au Pas-de-Calais. Frégent de Coétivy dont il est ici question fut tué d'un coup de canon au siége de Cherbourg dont la prise acheva la conquête de la Normandie sous Charles VII en 1450.

(1) Loys Malet sire de Graville : il jouissait de la charge d'amiral de France dès l'année 1486.

29 septembre 1377, reçoit pour ses gages......... 50 l.t.

et pour la robe à lui due pour ce terme...... 62 s. 6 d.

le tout donnant pour l'année entière........ 212 l. 2 s.

ou au pouvoir actuel de l'argent..... 12,000 fr.

A trois ans de là, en 1380, nous voyons Jehan de la Henippe, écuyer, capitaine de la ville de Pont-de-l'Arche, recevoir, sur les aides pour la guerre, un à-compte de 66 l. t. sur ses gages fixés pour l'année à............. 400 l. t. et au pouvoir actuel de l'argent. ..... 22,756 fr.

En arrivant aux premières années du quinzième siècle on trouve *Robert le Ferme*, capitaine du château de Mortemer et échanson du duc de Berry, qui donne quittance en 1424 de 50 livres tournois pour un terme de ses gages s'élevant à .... 200 l. c'est-à-dire, au pouvoir actuel de l'argent à.. 8,800 fr.

Toutefois je remarque qu'à la fin du siècle, en 1479, le capitaine du château de Conches, également en Normandie, ne touchait pour ses gages de l'année que...... 100 l. t. ou à la puissance actuelle de l'argent..... 3,000 fr. chiffres qui se trouvent être les mêmes pour l'année 1483, époque où le capitaine du Pont dans la Saintonge donnait quittance de 50 l. t. pour moitié des gages de sa capitainerie.

Enfin voici, en 1494, le chevalier *Jehan de Largenture* qui donne quittance, pour les trois mois écoulés de juillet, août et septembre, de la somme de .... 105 l. t. ou, à la puissance actuelle de l'argent... 2,887 fr. à raison de 20 sols tournois, ou 27 francs 50 c. pour chaque lance fournie par lui, ce qui donnerait pour l'année entière .... 420 l. t. ou à la puissance actuelle............. 11,541 fr.

Mais descendons à quelques autres détails, ils nous feront connaître le menu de la solde des hommes de guerre.

La quittance de G^{me} *Duboys* à Jehan le Mercier, trésorier des guerres du roi en Berry et Limosin, datée du 4 mai 1371, porte qu'il a reçu 165 l. tourn. pour lui et sept écuyers (1).

La quittance de Pierre Govin, employé dans les mêmes guerres, porte qu'il a reçu pour lui et neuf autres écuyers la somme de 150 fr. d'or.

Estienne Morlier, reçoit de le Mercier, pour un bachelier et huit écuyers la même somme de 150 fr. d'or.

Turpin, pour lui et six écuyers reçoit 90 fr. d'or.

Charlot de Gamasche et neuf autres écuyers reçoivent 150 fr. d'or.

Jehan du Mesnil pour trois chevaliers et dix écuyers reçoit, le 20 avril 1371, 225 fr. d'or.

Le même reçoit, le 4 mai 1371, pour un chevalier et quatre écuyers, 37 fr. 1/2 d'or.

Enfin le chevalier Prébuffière reçoit de Le Mercier, pour trois chevaliers et 47 écuyers, 780 fr. d'or.

Raymond de Laval, à Angers, le 5 mars 1371, donne quittance, au trésorier des guerres, de la somme de 195 livres tournois, pour trois chevaliers et 17 écuyers préposés à la garde des ville et château de Raiz.

(1) Toutes les quittances que nous possédons sont rédigées dans les mêmes termes : — « Sachant tous que nous Loys de Broce « chevalier avons eu et reçue de Jehan le Mercier trésorier des « guerres du roy messire la somme de huit vins cinq livres tournois « en VIIIXXV frs d'or en prest sur les gaiges de nous et autres « chevaliers et VII écuyers de notre compagnie depuis et a depuis « en ces présentes guerres ès pays de Berry et de Limosin sous le « gouvernement de Mons Loys de Sancère, mareschal de France, de « laquelle sôme de VIIIXXV. l. t. nous nous tenons a bien paiez. « Donné à Bourges sous notre scel le IIIIe jour de may l'an mil CCC « soixante et onze. »   (avec sceau)

Sans nous étendre davantage, si nous rapprochons ces quittances entre elles, nous en trouvons deux d'abord qui accusent 150 fr. d'or pour les gages de dix écuyers : ce serait donc juste 15 fr. par mois.

Une autre quittance parle de 90 fr. d'or pour sept écuyers. Cette solde est un peu plus forte.

Je remarque ensuite une quittance accusant 150 fr. d'or pour un bachelier et huit écuyers. En mettant les écuyers à 15 fr., il resterait de fait 30 fr. pour le bachelier, c'est-à-dire une solde double.

Si je décompose la quittance de Jehan du Mesnil, je trouve, en fixant la solde des écuyers à 15 fr. que celle des trois chevaliers se trouve être de 25 fr. d'or ou 75 fr. pour les trois. Ce même taux m'est donné par la quittance de Prébuffière qui reçoit 235 fr. d'or pour 47 écuyers et 75 fr. pour trois chevaliers.

Ainsi, sauf quelques variantes, la solde des hommes de guerre employés par Charles V, en 1371 dans ses guerres de Berry et du Limousin était donc par mois de 15 fr, d'or pour les écuyers ; de 25 fr. d'or pour les chevaliers ; et de 30 fr. d'or pour les bacheliers.

Mais il faut faire observer que l'homme de guerre de ces temps était tenu à l'entretien de sa monture et de sa personne, pour lesquels il avait à sa suite un ou plusieurs varlets montés comme lui. Si d'ailleurs on rapporte ces sommes à la valeur actuelle de l'argent et à sa puissance, on trouve, d'après les appréciations de M. Leber, que nous avons prises pour guide, que 15 fr. d'or en 1371 devaient valoir 750 fr. de notre monnaie; le traitement du bachelier le double ou 1,500 fr., et celui du chevalier 1,250 fr. (1).

(1) M. Leber, en parlant de la rançon de Duguesclin en 1364 établit, ainsi que nous le voyons nous-même par les nombreuses

Mais étudions quelques autres quittances relatives au fait de la guerre.

Je trouve que, dans la garnison du château de Lecluse en 1388, Guy de Pise, capitaine d'arbalétriers armés en pied, reçoit pour lui connestable et cinquante arbalétriers la somme de 366 livres tournois valant, au taux actuel de l'argent, 18,300 fr.; — que, dans la même garnison, Turpin de Ledugneul reçoit pour lui, capitaine, un connétable ét quarante neuf albalétriers la somme de 387 livres valant 19,750 fr.; — que Jehan de Pontieu, tenant la même garnison, reçoît pour lui, un connétable et quarante-sept arbalétriers, la somme de 375 livres, valant aujourd'hui 18,750 fr.

Comme la compagnie de Ledugneul et celle de Pontieu sont de la même force et de la même composition, à deux arbalétriers près, on doit avoir, dans la différence des deux soldes, les gages mêmes des deux arbalétriers qui se trouvent en plus dans la compagnie de Ledugneul, cette différence étant de 12 livres, ce serait donc 6 livres pour chaque arbalétrier, ou 300 fr. au taux actuel de l'argent.

Toutefois, nous devons dire que la quittance de Guy de Pise, qui ne reçoit pour lui, capitaine, un connétable et cinquante arbalétriers, que la somme de 366 livres semble contredire notre calcul, si l'on ne remarquait que les soldes indiquées par les deux quittances (sous les numéros 201 et

pièces que nous analysons, qu'à cette époque, le franc ou florin d'or équivalait à la livre tournois, et qu'en ce même temps le marc d'argent valait 5 livres 10 sols. — Ce même marc valait 50 fr. au commencement du dix-neuvième siécle, et il vaut aujourd'hui de 55 à 56 fr. Les joailliers le portent à 56 fr. 50, à raison de 226 fr. le kilogramme. Toutes nos évaluations sont au-dessous de cette dernière appréciation.

206 de notre recueil), offrent une différence assez marquée en faveur de la compagnie la plus faible, ce qui ne doit provenir que de la qualité et de l'importance relatives des deux compagnies dont l'une était commandée par Guy *de Pise,* d'origine étrangère, quand l'autre avait pour capitaine un gentilhomme du pays, nommé Jehan de Pontieu.

Si nous rapprochons entre eux les chiffres de ces différentes soldes, on est naturellement conduit à remarquer que les gages des capitaineries que nous avons d'abord étudiées, variaient considérablement, soit que cela tînt à la condition et à l'importance du titulaire, soit que cela tînt à l'importance du château ou de la forteresse occupés. Mais on peut aussi établir que, dans beaucoup de cas, cette solde était très-élevée, ce qui prouve que les services des hommes de guerre étaient alors fort recherchés, et il ne pouvait en être autrement. Nous ne devons, au reste, voir dans ce fait lui-même qu'un des signes du temps et de l'état des mœurs et de la civilisation de l'époque.

C'est ainsi que nous constations, dans une autre étude sur le mouvement des salaires dans les siècles qui se sont écoulés depuis la renaissance des lettres jusqu'à l'émancipation des classes moyennes, qu'en général, et suivant le cours de la civilisation, les salaires s'élèvent d'autant plus que l'intelligence entre pour une plus grande part dans l'exercice de la profession. Ce fait écarte lui-même de plus en plus les conditions d'aisance et de bien-être entre les plus et les moins favorisés de la société, leurs services se trouvant en quelque sorte tarifés sur l'intelligence ou la force musculaire qui se trouve exigée (1).

(1) Essai sur les salaires et les prix de consommation de 1202 à 1830.

Les documents que nous possédons sur d'autres services publics, nous apprennent qu'en 1424, les gages de *Daguénet*, avocat du roi au bailliage de Gisors, étaient de 200 s. p. ou au pouvoir actuel de l'argent de..... 8,800 fr.

Qu'à quelques années de là, Guillaume de *Meullon*, sénéchal de Beaucaire, ville très-commerçante de ces temps, touchait, pour ses gages de l'année............ 630 l. t. ou au pouvoir actuel de l'argent........ 25,900 fr.

Qu'en 1431, *Robert Frignoux*, chambellan du roi, prévôt de la ville de Carcassonne, touchait sur le trésor de la ville une pension annuelle de.................... 400 l. t. ou au pouvoir actuel de l'argent....... 17,600 fr.

Qu'en 1469, *Jehan de Montopédon*, chambellan du roi, bailli et capitaine de Fontenay-le-Comte, recevait sur les revenus du lieu pour ses gages d'une année.. 1360 l. 18 s. 8 d. t. ou à la puissance actuelle de l'argent... 49,85? fr.

Que la même année, Loys, seigneur de Crusol et de Florensac, chambellan et grand panetier de France, donnait quittance au receveur ordinaire des finances du roi, pour sa charge de *sénéchal de Poictou*, pendant un an, de la somme de......... .... 500 l. t. et pour les deux capaineries de Poitiers et de Niort, de la somme de..................... 200

____

formant ensemble celle de................... 700 l. t. valant, au pouvoir actuel de l'argent.... 25,666 fr.

Dans un poste très-élevé et plus considérable, *Gaston du Hon, sénéchal du Languedoc*, touchait, en 1480, pour *sa pension et entertainement* d'une année commençant à la Saint-Michel, la somme de.................... . 2,200 l. t. à la puissance actuelle de l'argent ...... 66,000 fr.

Dans ce même pays de Languedoc, *Palamède de Forbin*,

chambellan du roi, *commissaire départi pour le fait de justice,* touchait, pour sa dépense de trois mois, la somme
de .... 364 l. t.
ou, à la puissance actuelle............ 10,920 fr.

On peut évidemment conclure de ces dernières quitances que les émoluments attribués aux hauts fonctionnaires de la justice et de l'administration civile dans le quinzième siècle, alors que ces grands services se constituèrent, au nom de l'autorité royale, furent généralement fixés à un taux très-élevé, quoiqu'un peu au-dessous de celui adopté pour les services des hommes de guerre, ceux-ci restant toujours les plus demandés et les plus indispensables.

Mais passons à un autre ordre de serviteurs, et voyons comment étaient traités les fonctionnaires ou dignitaires attachés à la personne du roi.

Voici. en 1429, *Huguet de Noez, maistre d'hostel* du roi et *chastellain* de Roques-More, qui donne quittance à Jehan d'Estampes, trésorier de Nysmes, des revenus de ladite viguerie qui lui avaient été abandonnés pour son traitement annuel et à sa vie durant. La somme
reçue est de........................ 578 l. 14 s. 4 d. t.
valant au pouvoir actuel de l'argent .... 25,000 fr.

Je trouve qu'à la même époque, Ricart de Montferrant, le même que nous avons signalé précédemment pour s'être rangé au parti des envahisseurs, touchait, en 1429, pour un an de sa pension, comme conseiller-du régent, duc de Bedford, la somme de .... 800 l. t.
faisant au pouvoir actuel de l'argent.... 35,200 fr.

Un autre chevalier, *Jehan du Lyon,* seigneur de Camper, qui prend le seul titre de *chambellan* du roi, explique dans sa quittance, qu'il a touché, pour *sa pension et entretainement* d'une année, la somme de................ 600 l. t.
Valant,............................ 22,000 fr.

En entrant plus avant dans le service personnel du roi,
nous avons une autre quittance de *Barthélemy de Landre*,
varlet de chambre du Roy et bourgeois de Paris, qui accuse
avoir reçu, en 1379, la somme de....... 761 fr. 14 s. p.
valant à la puissance actuelle .... 52,866 fr.

Comme on le voit, les offices et les charges de cour, clas-
sés à un rang très-élevé par cela qu'ils recevaient comme
un reflet de la majesté royale, étaient, au point de vue de la
finance, traités avec une faveur égale. Cependant nous
trouvons une quittance d'un chevalier de *Meulton, seigneur
de Vallabret* qui, en prenant en 1429 le titre de *chambellan
du Roy pour son chastel royal de Somières*, ne reçoit pour
traitement que la modeste somme de 5 sols tournois par
jour, ou 22 livres 15 sols par quartier, représentée par une
somme annuelle de 4,000 fr. à la puissance actuelle de l'argent. Mais on peut croire que le seigneur de Vallabret,
pourvu du titre de *chambellan* d'un château royal situé sur
les bords du Gard, se trouvait ainsi saisi d'une charge modeste accordée comme récompense à d'anciens services.

Après avoir successivement étudié, au point de vue des
gages et du traitement financier, la position des hommes de
guerre, celle des dignitaires de l'administration politique,
et celle des hommes qui prirent position à la cour et dans
la domesticité royale, il nous reste à dire quelques mots de
la manière dont se trouvèrent traités les hommes qui, sans
titres et sans condition reconnue dans la hiérarchie féo-
dale, n'eurent d'autres services à offrir que ceux dus à leur
instruction et à leur qualité de scribes.

Le seul emploi que ces hommes pussent trouver, était
dans les forêts, grande administration du temps, ou dans
les comptoirs des préposés à la rentrée des deniers publics.

Soit d'abord *Robert Loysel, élu pour le fait des aides ordi-*

naires pour la guerre à Mantes. — Il donne quittance, en
1411, *pour sa peine et desserte d'un an* (d'une St-Michel à
l'autre), de la somme de...................... 100 s. t.
valant, à la puissance actuelle de l'argent.   220 fr.

En 1424, le *contreroulleur* du grenier à sel de Fécamp,
pour huit mois de ses gages, touchait 26 liv., 13 s. 4 d., et
pour l'année.................................... 40 l. t.
ce qui est représenté, à la puissance actuelle de
l'argent, par........................... 1760 fr.

Un sergent, aux gages du roi, en la forêt de Brix (fonctionnaire du genre des gardes généraux de notre temps),
touchait, en 1432, 18 deniers par jour, ou environ 3 fr. 30 c.
de notre argent.

Un autre bordier d'une forêt des environs de Carantan,
tout en prenant le titre d'écuyer, donnait quittance, en
1442, de la somme de 10 livres, 8 sols 9 deniers tournois,
pour ses gages de l'année, à raison de 15 deniers par jour,
environ 2 fr. 90 c., ou pour l'année entière 958 fr. 50 c.

Sans nous arrêter plus longtemps à l'importance relative
des rémunérations accordées aux diverses branches des services publics encore mal définis, nous ne pouvons manquer
de faire une dernière remarque sur la nature même des émoluments accordés aux divers services rétribués : c'est qu'au
nombre des ressources réalisées pour ces services, on ne
trouve, dans les pièces que nous possédons, d'autres va-
leurs ayant un caractère d'universalité, que les *aides* prélevées pour le fait de guerre, et la taxe frappée sur les sels
qui se débitaient au nom du roi dans les greniers publics.

Des agents, prenant le titre d'*élus*, de *contrôleurs*, de *receveurs* pour le fait des aides, étaient nommés ou plutôt
confirmés par le roi dans les charges qu'ils avaient achetées,
et formaient ainsi le personnel préposé à ces perceptions.

Pour la taxe des sels, il y avait des *greneliers*, sortes de gardiens, mesureurs jurés, qui étaient à la fois les percepteurs de la taxe et les agents comptables de ce produit pour tous les paiements faits sur les deniers de cette provenance. Venaient ensuite les contrôleurs dont les fonctions sont indiquées par le titre qu'ils portaient.

Mais ces deux sources de produits étaient loin de suffire aux besoins d'un époque de troubles et de guerres comme celle que traversait le pays. Aussi voyons-nous, par les pièces comptables de notre recueil, que, la plupart du temps, les revenus des villes et des vigueries, les taxes locales perçues sous le titre de coutumes et de franches coutumes, étaient employées à parfaire le traitement des hommes de guerre ou de robe qui avaient la garde et l'administration des intérêts du pays. Quelquefois ces revenus étaient accordés à un capitaine ou à un fonctionnaire de l'ordre administratif ou de la maison du roi, à titre de rente viagère ou seulement temporaire : ainsi, plusieurs sénéchaux, comme ceux de Languedoc et de Carcassonne, qui se trouvaient soldés de leurs traitements sur les produits de la province ou de la ville, siége de leur résidence. D'autres fois, comme certains capitaines chargés de la garde d'une ville ou d'une forteresse, nous trouvons des chefs militaires qui touchent une partie de leur traitement des trésoriers des guerres, et d'autres des receveurs des taxes locales dont nous venons de parler.

On sait quelle est l'insuffisance des rentrées fondées sur des taxes d'application générale, et on continue à faire concourir à l'entretien des forces publiques tout ce qui peut être emprunté aux ressources locales et souvent même à des revenus purement seigneuriaux, ou provenant de domaines privés. Ainsi sont entretenus les gardes, les bordiers des forêts et les réformateurs de ces services auxquels, avec une partie fixe de traitement, sont attribués des parts dans les amendes, et, souvent aussi, des robes ou des vêtements à Pâques et à Noël.

Quant aux formes de cette comptabilité, combien elles étaient irrégulières et peu certaines.

Nous trouvons bien, pour tout le temps du règne de Charles V, soit un maréchal de France agissant au nom de la chambre des maréchaux, soit le *maistre de l'hostel* du roi, qui expédient par lettres dûment scellées, toutes les *monstres* et les revues sur lesquelles le trésorier des guerres doit faire la solde des chevaliers et des hommes retenus pour le service du roi. Ce maréchal fut longtemps *Loys de Sancère*, qui mourut connétable, et le trésorier fut pour tout le règne *Jehan Le Mercier*.

Mais immédiatement après le règne de Charles V, nous trouvons des revues passées, des montres acceptées par le grand panetier de France, par le maître des arbalétriers, par le chef des ordonnances et artilleries du roi. Souvent encore, c'est un trésorier des guerres qui est chargé de faire la solde des compagnies, mais je trouve aussi que cette solde et les traitements reçus sont quelquefois touchés près d'un *secrétaire du roi, receveur général de ses finances,* ou simplement près du receveur d'une province ou d'un *grenetier*, gardien du dépôt des sels d'une ville, soit Mantes, soit Fécamp, avec lequel le capitaine, en donnant quittance, établit un compte détaillé des mesures de sel vendues par le comptable, et de la somme à déduire de sa recette courante par suite du paiement qu'il lui fait (1).

(1) Voici une de ces pièces :

« Sachent tous que je Barthélemy de Landre, varlet de chambre
« qu Roy Mess^re et bourgeois de Paris, confesse avoir eu et reçeu de

Si l'on s'arrête à l'appropriation et à la spécialité des versements opérés par les comptables, on voit de suite qu'ils ont lieu sans méthode et sans aúcune distiction pour la nature des dépenses. Tous les créanciers ou ayants-druit vont là où ils sentent qu'il peut y avoir des deniers disponibles. Ainsi, près des capitaines et des valets de chambre du roi que je vois toucher leurs gages à la caisse du grenier à sel de Mantes, je trouve une curieuse quittance de *Simon de Lille, changeur de monnoie*, à Paris qui accuse avoir eu et recèu le VIIIe jour d'avril mil CCC IV XX d'Estienne Giffard, grenetier du *grenier à sel ordonné pour le fait de guerres à Mantes, la somme de cent cinquante francs d'or* (environ 1,500 fr. de notre monnaie), *en quoi le Roy lui estoit tenu pour fermoir d'or aprécié, lequel fut donné à la duchesse de Gironde par lettre du Roy Messire.*

C'est, comme on le voit, une recette provenant d'une taxe imposée pour le fait de guerre ; mais la sortie de caisse est en contradiction avec le titre de la recette, et ce que nous pouvons y voir de moins irrégulier, c'est un virement de fonds, moins déguisé que ceux auxquels on a

« Estienne Giffard, grenetier du grenier à sel établi à Mantes pour
« le Roy Mess^re, la somme de sept cent soixante et un francs qua
« torze sols par à cause de quarante deux mesures trois sextiers
« demi-quart de sel vendus audict lieu, c'est à savoir depuis le
« premier jour d'avril l'an mil CCC soixante-dix-huit maintenant
« pacsé, jusqu'au XXVe jour de juing echu, laquelle somme de
« VII C LXI francs dessus dicte, je en nom que dessus me tieng
« pour content et bien payé et en quitte le Roy Mess^re et son gre
« netier dessus dict et tous autres à qui quittance en peut et doit
« appartenir. En témoignage de ce j'ay scellé cette quittance
« de mon scel. Le trois octobre l'an mil trois cent soixante-dix-
« neuf. »

essayé, à notre époque, de nous habituer de tant de maniè-
res et sous tant de prétextes.

Mais passons à quelques autres considérations qui nous
feront voir que la même irrégularité et le même laisser-
aller qui existaient à cette époque dans les finances, se re-
trouvent dans les autres services publics.

Un premier fait à signaler, c'est que tous les hommes un
peu considérables de ces temps prenaient, dans les actes
qui les concernaient, les titres de *conseiller* et de *chambellan
du roi*. Ainsi le faisaient les maréchaux de France, les amiraux, le grand panetier de France, le maître des arbalétriers, les sénéchaux et baillis de certaines localités, lors
même que celles-ci n'étaient pas considérables, comme le
bailli de Fontenay-le-Comte ou le sénéchal de Carcassonne,
D'autres, moins élevés en rang, comme les *généraulx*, commis à la perception des aides, certains receveurs ou agents
de la domesticité royale, ne prenaient que le titre de *conseiller du Roy*; mais par cela même, ce titre devenait très-
commun, et c'est par suite d'emprunts faits à ce régime que
presque tous les fonctionnaires de la hiérarchie adminis-
trative, jusqu'en 1789, avaient pris l'habitude d'ajouter,
au titre de leurs fonctions, celui de conseiller du roi. Mais
ce qui était beaucoup plus lucratif que ces titres honorifiques, c'est que la plupart des capitaines et des fonctionnaires en service actif, du temps de Charles V et plus encore
du temps de ses successeurs, joignaient, à la fonction ou au
commandement dont ils étaient pourvus, des capitaineries
et des titres de châtelains emportant avec eux des émoluments plus ou moins considérables. Je n'en citerai qu'un
exemple, celui du seigneur de *Crussol* et de *Florensac*,
nommé Loys, que je trouve en 1469 *grand panetier de
France*, et que je vois inscrit sur la quittance, qu'il donne

cómme *sénéchal de Poitou*, avec le titre de *capitaine des chàteaux de Poitiers et de Niort*; de sorte que ce même homme réunissait quatre fonctions différentes dont l'une ou l'autre était certainement très-négligée, quoique les émoluments en fussent touchés avec exactilude.

Au reste, on acquiert la certitude, par quelques-unes des quittances que nous possédons, que dès les premiers temps des Valois, les faveurs de la cour se répartissaient, comme elles l'ont été si souvent depuis, entre les serviteurs qui approchaient le plus près de la personne du roi. — Ainsi se présente à nous, en 1377, *Jehannet de Fronteville*, qui ne prend d'autre titre que celui de *varlet-tranchant du Roy*, et que nous voyons en même temps pourvu du titre de *capitaine du chastel de Vernon*, où les gens d'armes et les arbalétriers touchaient leur solde par ses mains.

Un autre personnage que nous avons déjà cité, *Huguet de Noez*, prenant avec les titres honorifiques de chevalier et de conseiller, celui de *maistre d'hostel du Roy*, joignait à cette charge la double fonction de chastellain et de *viguier de Roque-More*. Comment, attaché à la personne et à la maison du roi, aurait-il pu aller diriger, sur les bords de la Méditerranée, le service tout administratif d'une viguerie en même temps que commander la garnison d'une forteresse. Les délégations et la mise en ferme des fonctions ainsi dévolues aux *bien amés* de prédilection, avaient évidemment cours dans les temps dont nous parlons.

Terminons par quelques observations sur l'état de culture littéraire que les pièces de notre dépôt semblent indiquer à l'égard des hommes de guerre et d'administration qui se trouvent y figurer.

Si je m'arrête aux quittances données par les hommes de guerre, je remarque celles des maréchaux de France et des

amiraux comme étant toutes signées par les titulaires. Elles
le sont à l'aide d'une écriture extrêment lâche et assez négligée. Une seule, la quittance du maréchal André de Laval,
seigneur de Lohéac, se trouve.être signée d'une écriture
ferme et facile, mais assez petite. Je crois que toute la pièce
est de sa main.

Parmi les chevaliers, capitaines de compagnies ou gou-
verneurs de villes et de châteaux, je trouve au contraire
peu d'hommes de guerre ayant signé les quittances qu'ils
ont données. Je n'en ai vu dans le quatorzième siècle aucune de signée et seulement quelques-unes dans le quinzième. Mais quand la signature manque, c'est le sceau du
contractant qui fait foi de ses engagements, et le scribe
n'omet pas de le relater. Si le contractant sait signer, la
pièce porte qu'elle a été revêtue de *son scel* et de *son insigne
manuel*.

En étudiant les pièces où figurent les hommes de la finance ou de la maison du roi, on en trouve au contraire un
grand nombre qui sont signées des hommes qui y figurent.
Toutefois ces signatures, au lieu d'être d'une écriture lâche
et négligée, sont toutes d'une écriture très-soignée, généralement menue, nette et pourvue de paraphes presqu'uni-
formes, rappelant la figure et les lignes des paraphes placés
au bas des pièces sorties de l'office des tabellions du même
siècle.

Parmi ces signatures et les pièces qui les portent je dois
citer en particulier trois quittances de la famille Lefèvre,
qui me semblent indiquer par quelle voie les hommes lettrés
de ces temps parvenaient à s'élever dans la hiérachie féo-
dale.

La première de ces pièces, est datée de 1365, la seconde
de 1415 et la troisième de 1423. — Je crois y voir trois gé-

nérations de la famille Lefèvre, et y reconnaître en même
temps la trace des divers degrés de son élévation, exactement mesurée sur ses services et son dévouement à la personne du roi.

La première de 1365, au nom *d'Olivier Lefèvre*, indique
en effet que ce personnage était alors *maistre des requestes et
seul maistre et enquesteur des caves et forêts du roy et de
monseigneur le régent de Normandie et Dalphin de Vienne.*
C'est au nom de celui ci qu'il écrit au *voier* du trait de la
ville de Caen.

Nous ne pouvons voir, dans ce conseiller, maître des re-
quêtes, résidant à Rouen, d'où est datée sa lettre, qu'un conseiller intime du roi, duc de Normandie. C'est évidemment
l'homme de confiance auquel avaient été remis les intérêts
d'une grande province.

Vient ensuite en 1415 *Jehan Lefèvre,* qui prend le titre
d'écuyer et donne quittance du prix de ferme d'un hôtel
qu'il possède à Mortemer, hôtel dans lequel ont été établis
les plaids de la justice du roi.

Comme on le voit ce n'est plus d'un homme d'administration qu'il s'agit. Ce deuxième membre de la famille Lefèvre a passé de la classe bourgeoise dans celle des écuyers
et fait, dès lors, partie de la noblesse du royaume.

Mais voici un troisième membre de la même famille,
Robert Lefèvre, qui, à quelques années de là, en 1423, donne
quittance de ses gages pour le terme de la St Michel comme
capitaine du château de Mortemer, résidence ordinaire de
sa famille. Il va sans dire que, comme son père, Jehan
Lefèvre, il prend aussi le titre d'*écuyer ;* mais il lui ajoute
celui de *premier essanson de monseigneur le duc de Berry ;* ce
qui montre le chemin qu'il avait fait dans les bonnes grâces
du roi et de la cour.

Ces pièces, au reste, provenant d'une famille de scribes, continuent à être signées par les membres qui y figurent, et leurs signatures comme le libellé des quittances données se trouvent être entièrement de la main des parties prenantes. Elle sont aussi de cette écriture nette et courante du temps avec des paraphes entièrement conformes aux habitudes du tabellionage. Seulement, la signature du grand échanson, l'homme de la troisième génération, se trouve être d'une écriture plus large et plus libre avec moins d'ornements dans le paraphe.

Jehan Lefèvre, écuyer et grand échanson d'un prince de la famille royale, avait pris les mœurs de la classe dans laquelle il venait de se ranger et s'en était approprié les habitudes.

A. DU CHATELLIER.

ORLÉANS. — TYP. ERNEST COLAS

BIBLIOTHEQUE NATIONALE DE FRANCE
3 7531 008997792 7